生活就是這樣
前進靠機會，後退靠智慧
Chance
×
Wisdom
The rule
of life

國家圖書館出版品預行編目資料

生活就是這樣：前進靠機會，後退靠智慧！
/ 潘沅禾編著. -- 初版.
-- 新北市 : 雅典文化, 民104.12
面 ; 公分. -- (Change myself系列 ; 7)
ISBN 978-986-5753-52-8(平裝)
1.修身 2.生活指導
192.1 104020830

Change myself系列 07

生活就是這樣：前進靠機會，後退靠智慧！

編著／潘沅禾
責編／林秀如
美術編輯／蕭佩玲

法律顧問：方圓法律事務所／涂成樞律師

總經銷：永續圖書有限公司
永續圖書線上購物網
www.foreverbooks.com.tw

CVS代理／美璟文化有限公司
TEL：(02) 2723-9968
FAX：(02) 2723-9668

出版日／2015年12月

雅典文化

出版社
22103 新北市汐止區大同路三段194號9樓之1
TEL (02) 8647-3663
FAX (02) 8647-3660

序言

一位卓越的企業家生病住進了醫院，醫生為他進行診斷，然後勸他多休息、少操勞。

這位病人憤怒地抗議：「我龐大的事業每天都有許多事等我決策，我每天需承擔的事情有多少！沒有一個人可以為我分擔，我怎麼能休息！」

醫生問道：「難道沒有一個人可以幫助你嗎？」

病人回答：「沒有！只有我才能做出正確的指示，沒有我，公司一定停擺！」

醫生若有所悟地說：「那我給你開個藥方，請你務必按時服用。」醫生為病人開了一個處方箋，除了一些必要的藥品外，外加每天散步兩個小時，以及每星期抽出半天的時間到墓地一趟。

病人不解地問：「為什麼要到墓地半天呢？」

醫生回答：「我希望你到那裡走走，看看那些人的墓碑。他們其中有許多生前都是跟你一樣，也都是大企業、大公司的老闆，他們當時也認為所有的事都得自己去做，沒有他們不行；而如今永眠黃土之中，整個地球卻依然不斷地旋轉，並沒有因為他們的離開，而有任何的停滯。」

結果，依醫生的指示，企業家的身體逐漸好轉，而他的生活也起了些變化，事業更蒸蒸日上了。

如果想擁有意義深刻的人生，就應該停止焦慮與怨憤，盡力保持穩定、平和的心態。因為你的得失、成敗很容易使自己產生焦慮，但並不會因為你而使整個生活乃至世界發生什麼明顯的變化。

不妨改變一下自己的認知，而你也往往能在這個過程中發現另一個自我。

CONTENTS

Part 1 懂得滿足才會幸福

為人在世，注定要經過各種各樣的事，結交各式各樣的人，而我們必須學會隨時調整自己的目標去適應現實。

Part 2 擦拭心靈上的灰塵

你曾默默地付出過嗎？你曾得不到回報而苦惱嗎？不要放棄，你種下良善的種子，總有一天會發芽成長。

CONTENTS

Part 3 踏實的生活態度

不要因為目光注視著天上星光，就看不見在你周圍的美景，而踐踏了在你腳下的玫瑰花！

CONTENTS

The rule of life
Chance × Wisdom

Part 1

懂得滿足才會幸福

如果我們只追求幸福也就罷了，但我們往往追求的是「比別人幸福」。但是對於真正享受生活的人來說，任何不需要的東西都是多餘的。

看待生活的眼睛

社區外的一棵大榕樹下坐著一位老人，他正悠閒地看著馬路上來來往往的行人。

有一位陌生人開車經過，看到了老人，便向老人詢問：「老先生，請問這個社區的居民好相處嗎？都是些什麼樣的人呢？我正打算搬來這裡居住呢！」這位老人抬頭看了一下陌生人，反問說：「你搬離的那個地方都住著什麼樣的人呢？」

那人回答：「都是一些不三不四的人。我住在那裡沒有什麼快樂可言。所以我要搬離那邊，我正打算要搬到這裡居住，所以先向您打聽一下。」

老人回答說：「先生，恐怕你要失望了，因為我們這個社區的人，也跟你之前的那些鄰居一樣。」

那個人一聽，大失所望，決定請房屋仲介公司再為他找另一個地方。

過沒多久，又有另一位陌生人向老人詢問同樣的問題，老人又再問他同樣的問題：「你想離開的那個地方的人們，都是哪一種類型的人呢？」

這位陌生人開心地回答：「我之前的鄰居都是非常好的人。我跟太太以及小孩住在那裡度過了一段很好的時光。但我因為工作的關係，不得不離開。我很不願意離開那個地方，但是我們卻不得不尋找更好的發展前途。」

老人說：「你很幸運，年輕人，居住在這裡的人都是跟你們那裡完全像的人，你們將會喜歡他們，他們也會喜歡你們的。」

生活智慧

生活的美與醜、快樂和哀傷、幸與不幸，這些多是來自於人們看待生活的眼睛，而不是生活本身。

真心的讚美

唐代著名的社會詩人白居易，年輕時初到長安只是個默默無聞的小伙子。他想在文壇上有一番作為，於是去拜謁當時在朝當官的顧況，希望顧況能賞識他。

顧況是進士出身，在文壇也頗有名聲，所以當他一見到「白居易」的名字，就對他開玩笑說：「長安米貴，要白居可不易。」

接著顧況便翻閱了白居易的詩作——「賦得古原草送別」，尤其當他看到「野火燒不盡，春風吹又生」兩句詩時，極為讚賞，便對白居易說：「妙語驚人，居亦易也！」

於是便極力推薦他，白居易從此聲名大振，終於被更多的人所認識，在文壇占有一席之地，甚至他後來的成就還遠超過顧況。

生活智慧

人們通常將一個人對於另一個處在困難境地的人，給予適時的幫助，稱為雪中送炭。炭其實不貴，肯送的人卻不多；溫暖人心的話說一句很容易，但是，肯說的人也真的是少數。

有時候，人很難克服人性中與生俱來的狹隘，自己成名之後，就不喜歡別人成名，自己發財之後，就看不慣別人富足。

不要吝惜對別人的一句好評，一個真心的祝福，一個啟發對方的點子。有時候，一句話是可以幫助別人改變命運的。真心讚美別人的人，世界會因你的真誠而美好，對別人的嫉妒與偏見，就像混在金子裡的沙，會降低人格的含金量。

煉金術

很久以前，有個人一心想成為一個大富翁。而他認為要想成為富翁的最短途徑，便是學會煉金之術。因此他把全部的時間、金錢和精力，都用在了煉金術上。

他花光了自己的全部積蓄，家中變得一貧如洗，連飯都沒得吃了。妻子無奈，跑到父親那裡訴苦。她父親決定幫女婿改掉惡習。他要女婿前來相見，並對他說：「我已經掌握了煉金之術，只是現在還缺少一樣煉金的東西……」

「快告訴我還缺少什麼？」他急切問道。

「好吧，我可以讓你知道這個祕密。不過我需要三公斤香蕉葉下的白色絨毛。而這些絨毛必須是你自己栽種的香蕉樹上的，這樣才有功效。等到收齊絨毛後，我立刻告訴你煉金的方法。」

他興奮的回家後，立刻將已荒廢多年的田地種上了香蕉。而且為了儘快湊齊絨毛，他除了種植自家的田地外，還開墾了大量的荒地。當香蕉成熟後，他便小心地從每片香蕉葉下收刮白絨毛。而他的妻子和兒女則抬著一串串香蕉到市場上去賣。就這樣，匆匆十年過去了，他終於收集了三公斤的香蕉絨毛。

這天，他一臉興奮地拿著絨毛來到岳父的家裡，向岳父討煉金之術。

岳父指著院中的一間房子說：「現在，你把那邊的房門打開看看。」

他打開了那扇門，立即看到滿屋子全是黃金。他的妻子兒女站在屋內。妻子走過來告訴他，這些金子都是他這十年裡種香蕉換來的。

面對著滿屋實實在在的黃金，他終於恍然大悟。

生活智慧

現實生活中，人人都有夢想，都渴望成功，都想找到一條成功的捷徑。

其實捷徑就在你的身邊，那就是勤奮、並腳踏實地的工作。

機會稍縱即逝

小時候，祖父曾帶我去捕過野雞。祖父教我用一種捕獵方式：是利用一個箱子，用木棍支起，木棍上繫著繩子，另一端則連接到我隱蔽的樹叢中。只要在箱子裡及附近灑上玉米粒，而野雞受灑下的玉米粒的誘惑，一路啄食，就會進入箱子，我只要抓準時機一拉繩子就大功告成了。

放好箱子，我便躲藏在一旁等待，過沒多久就飛來一群野雞，一共有九隻。大概是餓久了，不一會兒就有六隻野雞走進了箱子。

我正要拉繩子時，突然又想，或許另外三隻也會進去的，那我今天的收穫可豐富了，那就再等等吧！

等了一會兒，那三隻非但沒進去，反而還走出來三隻。我後悔極了，便對自己說：只要再有一隻走進去，我就拉繩子。

接著，又有兩隻走了出來。如果這時拉繩，還能套住一隻；但我對失去的好運不甘

心，心想，總還有幾隻會回去吧？

終於，連最後那一隻也走了出來。吃飽了的野雞，心滿意足的緩緩離開，只留下充滿懊悔的我。

生活智慧

諺語說：「一鳥在手勝於十鳥在林」。

其實，人的欲望是無法滿足的，而機會卻稍縱即逝；貪欲不僅讓人難以得到更多，甚至連原本可以得到的也可能失去。

隨時調整自己的目標

有一個漁夫是出海捕魚的好手。可是他卻有一個不好的習慣，就是愛立誓言。他聽說市面上墨魚的價格最高，於是便立下誓言：這次出海只捕撈墨魚。但他這趟出海捕魚，遇到的全是螃蟹，他只好空手而歸。

回到岸上，他才得知現在市面上螃蟹的價格最高。漁夫後悔不已，發誓下次出海一定要抓螃蟹。

第二次出海，他把注意力全放在螃蟹上，可是這一次遇到的卻全都是墨魚。不用說，他又只能空手而歸了。

晚上，漁夫躺在床上，抱著飢餓難忍的肚皮十分後悔。於是他發誓，下次出海，無論是遇到螃蟹還是遇到墨魚，他都要去捕撈。

第三次出海，漁夫這次既沒見到墨魚，也沒見到螃蟹，他捕到的是一大群蝦。於是，漁夫再一次空手而歸……

漁夫沒有趕得上第四次出海，因為他在自己的誓言中飢寒交迫地死去了。

生活智慧

許多時候，目標和現實之間，往往具有一定的距離。我們必須學會隨時調整自己的目標去適應現實。固執一端、不知變通，往往就將自己前進的路堵住了。

讓心沉靜

小時候聽過這麼一個故事：有兩位莊戶人家，其中一家的牛吃草過界，踏壞了另一家的莊稼，兩人便吵了起來，各不相讓，最後打了起來，雙雙被送進了縣衙。

縣太爺心情不好，也不問青紅皂白，驚堂木一拍，喝令兩人，將縣衙門外的石獅子合力扛回村去，再回來告狀。兩人面面相覷，不知如何是好。可是要搬起上百斤重的石獅子，還真得要齊心協力才行，於是兩人決定先搬石獅再說。

儘管是一起搬，但只搬到半路，兩人就已經精疲力盡。兩人坐在路邊的樹蔭下休息，一陣涼風吹來，讓他們如醍醐灌頂，幡然醒悟。遂租來一輛馬車，將那石獅子送回縣衙，悄然息訟，攜手而歸。

小時候，聽老人們講這個故事，並未深刻領會其間的意趣。

後來又讀到一個故事：

某甲受他人誹謗，感到名譽受損，便帶一把殺豬刀準備去找誹謗者算帳。途經長長的河堤，一路垂柳拂岸，白浪逐沙，水鳥在木船上盤旋，在碧藍的天空倒映下，河流彷彿玉帶輕盈飄動……

為眼前的美麗景致所吸引，甲步伐漸漸地慢下來，後來乾脆坐在草地上折一枝柳條做笛，吹奏著放牛小調，全然忘記了腰間還藏著尖刀，也忘記了此行的目的。

自然的美景平息了心頭的怒火，理智壓退了癲狂。

生活智慧

不管一切如何，你仍然要平靜和愉快。生活就是這樣，我們也就必須這樣對待生活，要勇敢無畏，帶著笑容地不管一切如何。

說起來，為人在世，注定要經過各種各樣的事，結交各式各樣的人，哪能事事順心如意呢？受內外種種因素的影響，難保不會有感情波動，再小的石子掠過水面，寧靜的池塘也會蕩起層層的漣漪。關鍵是人要有理智，要分清大小。「小不忍則亂大謀」，古人尚「靜夜思」，我們何不心如朗月看大方向呢？

等待的藝術

一位女作家應邀去某地方訪問，下榻第二天，她到街頭逛逛，遇著一位賣花的老太太。這位老太太穿著相當破舊，身體看上去又很虛弱，但臉上卻充滿著喜悅。女作家受到感染，衝動之下挑了一朵花。

「妳看起來很高興！」女作家道。

「是啊！一切都這麼美好。」

老太太的回答讓女作家回味不已。

老太太接著說：「耶穌在星期五被釘在十字架上的時候，那是全世界最糟糕的一天，可是，三天後就是復活節。所以當我遇到不幸時，就會等待三天，一切就恢復正常了。」

生活智慧

世界上沒有真正的不幸和煩惱，只有真正的幸福和愉悅。幸福和愉悅的人，用歌聲裹著淚水；不幸和煩惱的人，用淚水浸泡著歌聲。

盡自己的一份力量

一位年輕的牧師宣誓之後，帶著對上帝的虔誠，以救助那些處於災難中的人為目的，他志願到非洲一個國家。

儘管他對非洲的貧困、落後做了心理準備，但現實情況依然大出意外。那裡缺乏食物，缺少必要的藥品。他感到他一個人真是太渺小，他到底能做什麼呢？

一天，他信步走在街上，看見一群流浪兒童，個個因為長期飢餓而骨瘦如柴，瞪著飢渴的眼睛祈求地望著行人。有人扔了一塊麵包給他們，他們立刻一窩蜂地搶成一團，得到一點就立刻塞到嘴裡，生怕被別人搶走。

這位年輕的牧師看到這一切，沮喪到了極點，他對上帝的信仰產生了動搖。他心想：「上帝啊，您怎麼允許這麼多困苦的事情存在呢？難道您不採取措施救救他們？」

接著，他清楚地聽到一個聲音說：「我已經採取了措施；我指引你來到這裡。」他知道那是上帝的聲音。

生活智慧

社會上存在著的孤立無助和人情的冷漠等種種現象，也許會引起你的嘆息和憤慨。但嘆息和憤慨對改變這些現象毫無用處。儘管你的力量很小，但你切切實實做出的每一份努力，都會讓這世界增加一分美麗。

善待別人

「普利司通橡膠公司」是美國最大的輪胎公司之一。在創業之初，這家公司僅有幾個工人和一間舊廠房；它之所以能發跡，靠的是發明家洛特納的創造力。洛特納不僅為普利司通帶來財富，他也因而提升生命價值，由工作中獲得了他人生的幸福。

普利司通的創始人菲利斯頓第一次看到洛特納的時候，是在酒吧裡。當時洛特納滿臉是灰，把褲子和圍巾披在肩上，走路東倒西歪，滑稽不堪，人們根本看不起他。

但菲利斯頓沒有因此而放棄洛特納，他所看重的是洛特納的創造能力，認為他一定會在公司中大有作為，所以沒有因為洛特納有酗酒惡習而歧視、放棄他。

菲利斯頓三番五次去拜訪他，碰了釘子也不灰心，這讓洛特納深為感動，他決定幫助菲利斯頓打天下。

洛特納研製成一種不易脫落、且儲氣量大的輪胎，這種輪胎後來被福特公司採用，這也使得菲利斯頓的「普利司通」公司有了極有利的轉變。

生活智慧

給人一顆種子，也許能收穫一片森林，給人一個夢想，也許能收穫一個巨大的成功。當然，這種投資的回報只有善待別人的人才會看得見。

萬事如意

閻王爺對他身旁的判官說：「你跟著我數十年來，盡心盡力的做事，著實不易，這樣吧！我讓你可以選擇投胎轉世的人家，你要怎麼選擇呢？」

判官很高興地回答：「我只有一個小小的願望：

父做高官子狀元，家產千頃盡良田，

魚塘花果樣樣有，嬌妻美妾子孫賢，

雕樑畫棟龍鳳間，倉庫積聚盡金錢，

天長地久不絕老，榮華富貴萬萬年。」

閻王爺聽了後哈哈大笑說：「人間若有這樣的好人家，我早就去了，又怎麼輪的到你呢？」

生活智慧

我們總是祝福他人：「萬事如意」。「萬事」真能如意嗎？那不過是人們的美好夢想而已。

古人說：「不如意十之八九」，也就是說，有超過一半以上的不如意呢！

所以別強求「萬事」如意了，這輩子能有一半的事如意就不錯了。

和尚的包袱

兩位上山取經的和尚在途中被一條河流擋住了去路，同時一名衣著華麗的姑娘，也愁眉不展地站在河邊。

看來河水不淺，徒步走過去難免會打濕了衣服。

其中一個和尚二話不說，立刻背起了姑娘走過河去，另一個和尚本來想說什麼，想了想又作罷了。

過了河，和尚放下了姑娘，兩個人繼續上路，這時，其中一個再也忍耐不住了，問道：「師父教我們不能親近女色，你剛才怎麼能背那女人過河呢？」

另一個和尚聽了哈哈大笑：「我早就把她放下了，倒是你，一直還背著呢！」

生活智慧

從你自己的小圈子中跳出來吧！許多人被瑣碎的小事束縛著，須知思想的疆域無窮大，要過一種近乎全方位的生活，就別害怕新奇和陌生，而應滿懷虔誠和信心，坦然地邁出每一步，要知道，每一步都將引領你走入新的天國與人間。

生命鏈條

有個老鐵匠，他打的鐵鏈比誰的都要牢固，可是他天生木訥不善言詞，不懂的推銷自己的鐵鏈，所以賣出的鐵鏈很少，所得的錢只夠勉強餬口。

人家說他太老實，但他不管這些，仍舊一絲不苟地把鐵鏈打得又結實又好。

有一次，他打好了一條船用的巨鏈，裝在一條大海輪的甲板上做了主錨鏈。這條巨鏈放在船上很多年都沒機會派上用場。

有天晚上，海上風暴驟起，風急浪高，隨時都有可能把船沖到礁石上。船上其他的錨鏈都放下了，但是一點也不管用，那些鐵鏈就像紙做的一樣，根本承受不住風浪，全都一條條斷了。最後，大家想起了那條老鐵匠打的主錨鏈，便找了出來把它拋下海去。

全船一千多名乘客和許多貨物的安全，現在都繫在這條鐵鏈上。

鐵鏈堅如磐石，它像隻巨手緊緊拉住船，在狂虐的暴風雨中禁得起考驗，保住了全船一千多人的性命。當風浪過去，黎明到來，全船的人都為此熱淚盈眶，歡騰不已……。

生活智慧

在人生漫長的道路上，我們每個人也都在努力地打著一條「鐵鏈」。它不是鐵做的，而是以自己的能力、學識和恆久的努力為材料。在某個時候，一定會用到它。是否牢固堅韌，就看你平時是否紮紮實實地打好基礎。

天下沒有白吃的午餐

有一年，在俄亥俄州發生了一起竊盜案；某商場遭竊盜入侵，其中有八隻金錶不翼而飛，每隻價值二萬多美元。

就在案子尚未偵破時，紐約的一位商人到此地進貨，隨身攜帶了近四萬美元鉅款。他一住進酒店，就先去辦理貴重物品保存手續，將錢鎖進酒店的保險櫃中。稍做休息，他便出門去吃飯。

在咖啡廳裡，他聽旁邊的人在談盜竊案，說被偷了幾隻金錶，案子尚未偵破等等……。

他吃完飯出去辦事，不時聽到身邊有人說起金錶，不過他沒當回事。

後來他辦完事走出街道，又聽到有人在說金錶的事；說是聽說某人用一萬美元買了兩隻，一轉手又賣了三萬美元，還說要是這種事掉到自己身上，該有多好。

商人聽了不禁有點疑惑：「真有這麼好的事嗎？」

等到吃晚飯時，金錶的話題又在耳邊響起，眾說紛紜，不一而是。

吃完飯，慢慢地走回酒店，他突然接到一通神祕的電話。

那人在電話那頭，說知道他是從外地來的，到此是做大買賣的。那人問他願不願意買兩隻金錶，本地查的比較緊，他帶回去脫手一定很容易，馬上就能賺一倍。並且還說，錶的品質可以到附近的珠寶店去鑑定。

商人終於動了心，這比自己這趟生意賺得還要多。

於是，他答應面談，最終就以四萬美元，買下了據說是被盜竊的八隻金錶中的三隻。

到了第二天，他覺得事有蹊蹺，於是便請人鑑定金錶。結果差一點暈倒，原來那些錶的價值僅僅二仟美元。

沒多久，那些騙子落網後，那名商人才知道，原來從他一到酒店，把錢存進酒店的保險櫃開始，騙子們就盯上了他。緊接著一整天他聽到的所有關於金錶的話題，都是兩個騙子事先安排好的，就是要引他進入這個圈套。

生活智慧

不要只想著占便宜、發意外之財。財富是透過自己的努力、勞動得來的，天下沒有白占的便宜，任何成功都需付出努力。

我們要把自己的信念建立在勤勞致富的基礎上，而不是建立在不勞而獲的基礎上。不要只想不用努力就可以坐享其成，要用自己切實的行動來獲得人生的一切快樂。

活用手上的資金

瑞典在每年十月份，諾貝爾獎委員會都會公佈得獎名單，諾貝爾獎之所以能受到全球矚目，不單因為它代表著學術界最高的榮譽，另外的原因是因為每個受獎者，可獲得高達一佰萬美元的獎金。諾貝爾基金會每年發布五個獎項，因而每年必須支付高達五佰萬美元的巨額獎金。

人們不禁要問，諾貝爾基金會的基金到底有多少，能夠承擔起每年巨額的獎金支出？事實上，諾貝爾基金之所以能夠順利支付，除了諾貝爾本人在一百年前捐獻一筆龐大的基金外，更重要的應歸功於諾貝爾基金會的理財有方。

諾貝爾於一八九六年去世，他將大部份遺產成立基金會，指明設立五個獎項——文學、和平、生理及醫學、物理和化學，以獎助在相關領域表現傑出的人。

由於該基金會成立的目的是用於支付獎學金，基金的管理不容許出任何差錯。因此，基金會成立初期，其章程中明確地訂定基金的投資範圍，應限制在安全且固定收益的投資標的上，例如銀行存款與公債，尤其不應投資於股票或房地產，那樣會讓基金處於價格漲跌的風險之中。

這種保本重於報酬率、安全至上的投資原則，的確是穩健的做法，基金不可能發生損失。但犧牲報酬率的結果是：隨著每年獎金的發放與基金會運作的開銷，歷經五十多年後，低報酬率使得諾貝爾基金的資產流失了三分之二，該基金的資產只剩下三佰多萬美元。

眼見基金的資產將逐漸消耗殆盡，諾貝爾基金會的理事們及時覺醒，意識到提高投資報酬率對財富累積的重要性。於是基金的理事們做出了突破性的改革：更改基金管理章程，將原來只准存放銀行與買公債的基金轉向投資股票和房地產。

新的資產理財觀一舉扭轉了整個諾貝爾基金的命運。之後，巨額獎金照發、基金會照常運作，到了後來，基金會不但將過去的虧損全數賺回，基金的總資產更是成長到二億七仟多萬美元。

生活智慧

賺錢難，累積財富更加難，但學會用聰明去賺錢則最困難。只要學會利用金錢為我們服務，就會得到更多、更大的回報，特別是用我們的智慧來使用金錢。

壺的價值

老街上有一個鐵匠鋪，鋪裡住著一位老鐵匠。老鐵匠的經營方式非常古老和傳統，人坐在門內，貨物擺在門外，不吆喝，不還價，晚上也不收攤。無論什麼時候從這裡經過，都會看到他在竹椅上躺著休息，眼睛微閉著，手裡拿著一台小收音機，身旁有一把紫砂壺。

老鐵匠的收入不多，正好夠他生活。他老了，已不再需要多餘的東西，因此非常滿足。一天，一個文物商人從老街經過，偶然間看到老鐵匠身旁的那把壺——古樸雅致，壺身紫黑如墨，有製壺名家的風格。

他走過去，順手端起那把壺仔細觀看。壺嘴處有一記印章，果然是製壺名家的作品。商人驚喜不已，因為那位製壺名家的作品現在僅存不多。商人想以十萬美元的價格買下那把壺。

當他提出這個要求時，老鐵匠先是一驚，後來又拒絕了。因為這把壺是祖傳的，他們世代打鐵時，都是喝這把壺裡的茶，他們的血汗也都來自這把壺。

壺雖沒賣，但商人走後，老鐵匠有生以來第一次失眠。

這把壺他用了近六十年，在打完鐵後，喝一口自壺裡倒出的甘美茶水時，他覺得這是一種最大的享受。而如今，一把他一直以為是個普普通通的壺，有人要以十萬美元的價錢買下它，他竟輾轉反側。

過去老鐵匠打完鐵，就躺在小椅子上喝茶，而壺，就順手放在旁邊的小桌子上。現在，他要小心翼翼地放好，而且不時要坐起來再看一眼，這讓他非常不舒服。他感到他的生活被徹底打亂了，他不知該怎樣處置這把壺。當那位商人帶著二十萬美元現金，第二次登門的時候，老鐵匠召來左右鄰居，當眾把那把壺砸了個粉碎。

生活智慧

如果我們只追求幸福也就罷了，但我們往往追求的是「比別人幸福」。

對於真正享受生活的人來說，任何不需要的東西都是多餘的。錢對有些人來說，可能很重要，但對有些人來說，或許還有其他東西比錢更重要；例如：自在的生活。

懂得滿足

美國實行西部大開發時期，西部地廣人稀，條件非常惡劣。為了鼓勵人們向西部發展，政府所定的地價十分便宜，繳納一定的金額之後，你一天之內所跑的範圍下的土地歸你所有。

有一個人付了錢之後就開始拼命跑，從早晨開始一直跑，一點也捨不得休息，因為多跑一點路就多得一些地，所以他決定要多跑一點。

到了中午，他還是要繼續往前跑，有人勸他：「往回跑吧！」

他想：「我再跑一會兒，因為現在轉回去，土地就再也不能增加了。」

於是，他又繼續跑，等他發現太陽偏西就要下山時，他開始害怕自己趕不回起點。於是做了一個記號後，他就開始不要命地往回狂奔。

沒多久，他就非常疲累了，但他還是不能休息，他想：「只要再堅持一會兒，等我跑回去，這些地就全是我的了。」

但最後他還是沒能跑回起點，等人們發現他的時候，他已經斷了氣。

於是，大家將他草草地埋葬；而他所能擁有的地方，不過就是一副棺材大的地方。

生活智慧

「人心不足蛇吞象」對待既得利益的正確態度應該是適可而止，因為使生活幸福的原因除了充分的物質條件外，更應該有其它的；只顧眼前利益而喪失了正確的理智，最終的結果可能會得不償失、失去所有。

鑽石心

那天，朋友向我說了一個故事：「有一戶人家正在進行搬家，他們突然發現雜物堆中有兩隻老鼠。大家驚嚇之餘正要喊打，卻突然發現一件驚奇的事：大家發現那兩隻老鼠有些異樣。其中一隻老鼠銜住另一隻老鼠的尾巴，牠們像手拉手橫穿馬路的孩子那樣，不顧旁邊有人虎視眈眈的想打牠們，牠們還是緩緩的朝前走去。

這時候，突然有人喊了一聲：『大家快看，後面那隻老鼠是個瞎子！』大家定眼望去，只見到後面那隻老鼠的頭部鼓著瘤似的東西，兩隻眼睛被擋住變成了盲鼠。

大家突然明白了眼前發生的一切，心中感到十分感動；原來大禍即將臨頭，那隻健全的老鼠不忍丟下可憐的同伴，就把自己的尾巴放到同伴的嘴裡，打算導引牠脫離險境。」

朋友的故事講完後，他很認真地對我說：「每次講完這個故事，我總會問聽故事的人，讓他們猜猜這兩隻老鼠可能是什麼關係。你呢？你覺得這兩隻老鼠是什麼關係？」

我沉吟了片刻，說：「你一定聽過許多答案，像夫妻關係、母子關係，可是我寧願相信這兩隻老鼠沒關係。」

朋友一聽莞爾一笑說：「猜夫妻關係的有一顆銀子般的心；猜母子關係的則有一顆金子般的心；而猜沒有關係的，則有一顆如鑽石般的心。」

生活智慧

人生最可貴的就是：當人們面對苦難，仍能不計個人得失與生死，風雨同行。這樣人都有一顆鑽石般的心。

失去味道的愛情

他從鄉下為她帶來一袋玉米，她煮了一支來吃，飽滿甘甜。他看到她那副沉醉的樣子，笑了。她對他最初的感動，是緣於他等待的耐心。

那時，因為晚自習的關係，她溫習完書總已經很晚了，黑暗的天空讓她心存恐懼。她匆忙的要趕回宿舍，卻總是會看到遠遠的一旁，他佇立在旁邊守候著她。她看著他孤單的身影，心裡會湧起一陣溫暖，她知道他總是在一旁守護著她。

有一晚，因教授多交代了許多功課，加上同學的發問，她離開教室時，足足比平常晚了二個鐘頭。她心想，他等不到她，應該離開了吧？不料，他仍如往日一樣，在昏暗的路燈下靜靜的等著她。那一剎那，她便決定與他在一起。他一直很寵她。他的至誠讓她相信：他們的愛是可以恆久的。她一直相信，他會這樣一直守候著她。

她是學校的風雲人物，各式活動、比賽總少不了她的身影。她忙於這些活動，並不專心於他的相聚。於是和他的見面漸漸地少了，電話也少了。他心疼她、擔心她，老跟她說不要太累了。她心裡甜蜜，卻又急急地要結束對話，她知道，他會一直守候在旁邊，她現在卻有更重要的事要忙碌。忙碌消耗了她的愛情；她漸漸地發現了他的冷淡。

她開始感到不安，她極力要挽回，她強烈地感覺到那一份美好正悄悄地消逝，她的不安一天天地擴大。直到有一天，他平靜地說：「我們分手吧。」

她哭的聲嘶力竭，希望能留下他。她頻頻追問，自己到底做錯了什麼？他輕輕的說：「沒有誰對誰錯，只是一切都過去了。」然後緩緩掙脫了她，離開了她的視線，只留下滿心懊悔的她。她不明白，曾經是那樣一份令她放心的愛情，怎能說走就走呢？

夜裡，她哭到無力，驀地想起冰箱裡的玉米，那曾是他對她的用心。

她找到被棄置在冰箱一角的玉米，玉米早已乾癟。她煮了一支來吃，卻全無先前的甜美，像是在無聲地譴責她的遺忘。她忽然潸然淚下，她知道，她忽視的恰是她所珍愛的。而她的愛情，不正如這玉米，因她的擱置，而喪失了原先的風味。

生活智慧

有些東西，是不堪忽視、等待的。否則，將會失去它原有的美好。

開啟另一扇窗

龐貝古城內有位賣花女叫做蒂雅。她是個自小雙目就失明的人，但從不自怨自艾，她不是垂頭喪氣把自己關在家裡，而是像常人一樣靠勞動自食其力。

後來，維蘇威大火山爆發，整座城市籠罩在濃煙和塵埃中，昏暗如無星的午夜，漆黑一片。

驚慌失措的居民根本無法找到出路。但蒂雅本來就看不見，這些年又走街串巷地在城裡賣花，她的不幸這時反而成了她的大幸。她靠著自己的觸覺和聽覺找到了生路，而且還救了許多人。

上蒼真的很公平，命運在向蒂雅關閉一扇窗的同時，又為她開啟另一扇窗。世上的任何事都是多面的，我們看到的只是其中的一個側面，這個側面讓人痛苦，但痛苦卻往往可以轉化。

生活智慧

生活真的很公平，它可以將一個人的志氣磨盡，也能讓一個人出類拔萃，就看你怎麼看待。

老師的眼淚

高中的時候，我們班只是個普通班，比起學校裡優秀的實驗班來說，考上好大學的機會相對不多，學校也就將大部分資源都投入那些實驗班。因此除了幾個認真的同學依舊努力唸書外，大多數同學都只是等著畢業，然後隨便混上個大學畢業，拿到文憑就可以找個工作了。

班導師是個剛從師範學院畢業的英文老師，滿腹教育熱情、非常敬業。他總是鼓勵我們用功唸書，以便將來考上好大學。但同學沒有一個放在心上。我們的成績仍然不好，在全校各科考試中屢屢倒數、敬陪末座。

有一次英文考試，意外地我們班的成績卻破天荒地超過實驗班的學生，這使我們每個人興奮不已。

發考卷的時候到了，老師平靜地把考卷發給我們。我們欣喜地看著自己從沒考過的高分，這時老師說：「請同學們自己計算一下分數。」數著數著，我的分數竟比實際分

數高出二十分，同學們也紛紛喊了起來：「老師我們怎麼多算了二十分？」課堂上一時亂了起來。

老師作勢要我們安靜，班上慢慢靜了下來。

他沉重地說：「是的，我給每位同學都多加了二十分，這是我為自己的面子，也是為你們的面子多加的二十分。老師拼命地教你們，就是希望你們為我爭口氣，讓我不要在別的老師面前始終低著頭，也希望你們不要在別班同學的面前總是低著頭。」

他接著說：「我來自一個很貧窮的環境。我的父母在我很小的時候就去世了，我的學業都是靠自己半工半讀完成的。在大學的暑假，我甚至還到建築工地扛磚頭，還曾經因饑餓而暈倒。但我就是不服輸，憑著一股要成功的毅力，我唸完大學。生活教會我在任何時候都不能認輸，而你們只不過在普通班就喪失了信心，我很替你們難過。」

這時候教室裡安靜極了，全班同學都低下了頭。

老師繼續說：「我並不期待我的學生，一定要功成名就，但至少也要是個不放棄的人。現在還只是高二，離聯考還有一年多的時間，努力還來得及。希望你們不靠老師弄虛作假，就可以有很好的成績，讓老師能把頭抬起來。」

「同學們，拜託了！」說完，老師低下頭，竟給我們深深地一鞠躬。當他抬起頭的時候，我們看到了他的眼裡流出的淚水。

「老師。」班上的女生們都哭了起來，男生們的眼裡也含滿了淚水。

那一節課，我們什麼也沒有學，但隔年的聯考，我們班的同學，每個人都有優異的成績，很多位同學上了公立大學，整體成績也超過實驗班學生，這真是出了很多人的意料之外。

而我們最要感謝的就是我們的導師，因為我們每一個人都記住了老師的眼淚。

生活智慧

老師用眼淚感動了同學們，激發了他們的鬥志；更重要的是，他幫助他們恢復了信心。

我們要相信，每個人都可以做的更好。

折翼的天使

當麗文抵達養護中心時，是由中心的義工家秀接待的，麗文即將在此進行她的物理治療。

家秀向麗文介紹養護中心環境時，她注意到麗文看到鋼琴的那一霎間，流露出痛苦的表情。

「怎麼了？」家秀關懷地問。

「沒什麼，」麗文柔聲說：「只是看到了鋼琴，勾起我許多回憶。」

家秀瞥向麗文殘廢的右手，默默聆聽眼前這名婦人談起她音樂生涯的輝煌過去。

「妳在這裡等一下，我馬上回來。」家秀突然插口說。

一會兒後，她回來了，身後緊跟著一位嬌小、白髮、帶著厚重眼鏡，並且使用助步器的女人。

「這位是麗文。」家秀幫她們互相介紹：「這位是莉真。」

家秀笑著跟麗文說：「莉真很喜歡彈鋼琴，但她沒有學習過，妳願意教她嗎？莉真有健全的右手，而妳有健全的左手，我有種感覺，只要妳們互相合作，一定可以彈出好作品。更何況，妳們連名字都好像姊妹呢！」

莉真期盼地看著麗文，麗文微笑地點點頭。

於是兩人並肩坐在鋼琴長椅上。兩隻分別來自不同人的手，很有節奏地在鋼琴黑白鍵上慢慢滑動。

從那天起，她們常常一起坐在鍵盤前練習，麗文殘廢的右手摟住莉真背部，莉真無用的左手擱在麗文膝上。麗文耐心的教導莉真學習鋼琴，莉真雖然沒有學習過，但因為一股熱誠，她學習的很快。

她們開始到教堂、學校、復健中心、老人之家演出，給許多聽眾帶來快樂。

坐在鋼琴長椅前，她們共有的東西不只是音樂。兩人都有顆奉獻的心，用音樂傳達愛與關懷。

生活智慧

當災難降臨時，一個人的力量是如此地渺小。面對災難，我們無奈、無助和虛弱，不知道何去何從。

學學麗文和莉真吧，她們的故事讓我們懂得了：愛讓我們相互扶持，愛使得我們創造奇蹟！

死神的警訊

有一個巨人在大路上遊蕩，忽然一個陌生人朝他跑來，叫道：「站住！不准前進一步！」

巨人說：「你說什麼？我用手指就可以把你捏碎，你還要攔我的路嗎？你是誰，敢說這種大話？」

那人回答道：「我是死神，沒有人敢反抗我，你應該服從我的命令。」

但是巨人不答應，於是就和死神進行搏鬥。

那是一次又長久又激烈的戰鬥，最後巨人一拳把死神打倒，巨人贏了，便大搖大擺地離開。

死神被擊敗了，無力地倒在一塊石頭旁邊，他完全沒有力氣，根本無法站起來。

這時候，健康活潑的阿得從路上走來，他嘴裡哼著歌，突然看到倒在路旁的死神。他突然間很同情他，便把他扶起來，又將身邊隨身攜帶的酒，讓他灌了一口，使他恢復了氣力。

死神喝了一口酒，恢復了氣力便站起來：「你知道我是誰嗎？你認識你救起來的人是誰嗎？」

阿得回答道：「不知道，我不認識你。」

死神說：「我是死神。總有一天，我要取走你的性命。但，我很感謝你救了我，我向你保證，我不會突然來捉你，在我來接你之前，我會派我的僕人先來通知你。」

阿得說：「好，我知道你什麼時候來，總會好些。至少在通知我以前，我不用怕你。」阿得說罷就走了。

此後，他既高興、又快樂地生活著。但是青春和健康是不能長久保持的。不久疾病和痛苦就來了，使他白天難過，夜裡不能休息。

阿得自言自語地說：「我是不會死的，因為死神還沒有派僕人來通知我，但願痛苦的日子早些過去吧！」

阿得漸漸的又恢復了健康時，他又開始愉快地生活。沒多久，死神就來找阿得。

死神對他說：「跟我來吧，你和世人分別的日子到了。」

阿得驚慌地回答：「你怎麼可以失信呢？你不是答應我，要先派僕人來通知我嗎？

我還沒有看見你派僕人來，你怎麼可以就直接來帶我走呢？」

死神回答說：「我不是接二連三派僕人來過了嗎？你不是經常發燒昏睡？你的頭不是常暈嗎？你的四肢不是很痠痛嗎？你的耳朵不是老耳鳴嗎？你的牙齒不是已經掉光了？你的眼睛不是常發黑嗎？此外，我親愛的兄弟『睡神』不是每天晚上向你提到我嗎？你夜裡躺著，不是像死人一樣嗎？」

阿得無話可說，只好聽天由命，跟著死神去了。

生活智慧

真正關愛我們自己的人只有一個——那就是我們自己。

注意死神給你發出的信號，千萬別把那些小毛病不當回事，要記住抓緊生命有限的時間。

理論與經驗

有個人，他的駕船技術一流，他曾駕駛一艘簡陋的帆船在颱風天裡、在肆虐的大海中，漂泊了半個月，最終到達他的目的地。於是，自此之後漁民們便稱他為「船王」。

船王有一個兒子，船王對他有著很高的期望。船王將自己對駕船的知識和經驗全部教授給兒子，兒子也非常用心學習，並期待自己有朝一日，能像自己的父親一般。

後來，船王兒子自覺對於駕駛船的知識已十分豐富，便要求要自己出海，而船王想說自己已把全部知識傳授給他，便很放心地讓他一個人出海。可是，他的兒子卻一去不回。

他的兒子出海後遇到颱風，就這樣葬身海底。

船王十分傷心。他不明白，這些年來他對於兒子的教育，他將所有的乘船理論、經驗都告訴了兒子：該如何對待暗流，該如何識別颱風前兆，又該如何採取應急措施……他全部都教授給兒子了，可是他還是在海裡失去了生命。

一個老人聽了他的話說：「你犯了一個明顯的錯誤。那就是你只傳授給他技術，卻沒有傳授給他教訓。對於知識來說，如果沒有教訓經驗根基，一切便只能是紙上談兵。」

生活智慧

任何知識都要和實踐結合起來才是有用的。並且只有透過實踐，才能使掌握的知識更加有效地發揮它的作用，有了知識而不會用等於沒有，要不怎麼有「學以致用」的名言呢？

讚美的重要性

幾天前我和一位朋友一起搭計程車。下車時，朋友對司機說：「謝謝你，今天搭你的車十分舒適。」

這司機聽了一楞，然後說：「你是在嘲笑我嗎？」

「不，司機先生，我不是在尋你開心，我很佩服你在交通混亂時還能沉住氣開車，並將我們送到目的地。」

司機笑了笑，沒再說什麼，便開車離開了。

「你為什麼要這麼說？」我不解地問。

「我想讓這個城市多點人情味。」他答道。

「可是，靠你一個人的力量怎麼辦得到？」

「我只是起帶頭作用。我相信一句小小的讚美能讓那位司機整天心情愉快。如果他今天戴了二十位乘客，他就會對這二十位乘客態度和善；而這些乘客受了司機的感染，也會對周圍的人和顏悅色。這樣說來，我的好意或許可以傳達給上百個人，這樣不是很好嗎？」

「但，你怎麼知道那個司機會照你的想法做呢？」

「我並沒有一定要寄望於他啊，」朋友回答：「我多對幾個人和顏悅色，總會有人把這樣的好心情傳達出去的。

就算沒有我也毫無損失呀！開口稱讚他人花不了我幾秒鐘的。」

我們邊走邊聊，途經一個建築工地，有幾個工人正在一旁吃午餐。

我朋友停下了腳步問著這些工人：「這棟大樓蓋得真好，你們的工作一定很危險辛苦吧？」

那群工人帶著狐疑的眼光望著我的朋友。

「工程何時完工？」我朋友繼續問道。

「今年六月。」一個工人微笑的回答。

「這麼出色的成績，你們一定很引以為榮。」

離開工地後，他對我說：「這些人也許會因為我這一句話，而更起勁地工作，這不是一件好事嗎？」

「但光靠你一個人有什麼用呢？」我疑惑的問著。

「我常告訴自己千萬不能洩氣；讓這個社會更有人情味，原本就不是件簡單的事，我能多影響一個就算一個……」

「剛才走過一個長得像恐龍的女子，你還能對她微笑啊？」我插嘴問道。

他笑了笑回答：「你怎麼這麼說。」他繼續說：「或許，她是個老師。如果因我的友善，而讓她感覺愉快，我想今天上她課的孩子，一定如沐春風。」

生活智慧

一句由衷的稱讚雖然簡單，卻能不知不覺的改變了我們身邊的每一個人，進而改變我們的世界。

一句讚美，就像是喚醒了在魔法中沉睡的白雪公主那深情一吻。

求人不如求己

一名虔誠的信徒只要遇到了難事，便去寺廟裡求觀音。

一天，他又遇到困難，想去求助觀音菩薩。他走進廟裡，突然發現在觀音的像前也有一人在膜拜，而那個人長得和觀音一模一樣。

他驚訝的問：「你是觀音嗎？」

「是。」那人回答道。

他疑惑地問：「那你為何還要來拜自己？」

「因為我也遇到了難事。」觀音笑道：「我知道，求人不如求己，所以我來拜我自己。」

生活智慧

想來凡人之所以為凡人，可能就是因為遇事喜歡求人；而觀音之所以為觀音，就是因為遇事祂只求己。

或許，我們偶而可以借助別人的力量做某些事，但大多數情況下，我們還是必須靠自己。如果人人都擁有遇事求己的那份堅強和自信，也許人人都會成為自己的觀音。

驀然回首

柏燕嚮往小說中的愛情，她總覺得愛情就要像小說中的纏綿悱惻，或是電視劇中的轟轟烈烈。她一心一意的追求著這樣的愛情。

柏燕與第一個男友分手的原因，只是因為他不懂得在情人節時，送她九十九朵玫瑰。而柏燕的第二個男友雖然夠浪漫，但最後卻因為身高不夠挺拔，柏燕還是忍痛放棄。

折騰了一大圈，遇到了形形色色的男人，書中的愛情故事始終也沒有在柏燕身上發生。年復一年，柏燕變得漠然、煩躁、悲觀，不再是那個快快樂樂的大女孩。

當有一天，柏燕在路上遇見了她初戀的男友，她想起了當時他的體貼與關懷，她猛然驚覺她曾經錯過了這麼美好的幸福。

當她進一步想探詢，他們是否有機會可以重來？她突然發現，他的妻子從另一端向他走來；她的臉上漾滿著幸福的笑意，而她的手上，正牽著一個可愛的小女孩。

小女孩奔跑向他，他愉悅的抱住小女孩，並熱情的向她介紹著他賢慧的妻子與心愛的女兒。這時，柏燕再也聽不進任何話語。

生活智慧

其實，愛情只是兩人默默相守的快樂；轟轟烈烈的愛情，只是作家賺錢的把戲。

而當你明白的時候，你卻可能已經失去了。

生活就是這樣。當你決定離去，就不必再回頭，因為沒有人在原處等你。

亡羊補堅固牢

動物園裡新來了一隻袋鼠，管理員將牠關在一片有著一米高圍欄的草地上。

第二天一早，管理員發現袋鼠在圍欄外的樹林裡蹦蹦跳跳，立刻將袋鼠抓了回來，並立即將圍欄的高度加到兩米。

第三天早上，管理員又看到袋鼠在欄外。於是又將圍欄的高度加到三米，並把袋鼠抓回來再關了進去。

隔壁獸欄的長頸鹿便問袋鼠：「這圍欄到底要加到多高，才能關得住你？」

袋鼠回答道：「很難說，也許五米高，也許十米高，甚至可能加到一百米高。如果那個管理員老是忘了把圍欄的門鎖上的話，加多高都一樣。」

生活智慧

相信這個管理員懂得「亡羊補牢」的道理，及時採取補救措施，防止錯誤的重複發生。然而他卻沒弄清楚他真正的問題所在。

為自己種下善果

古羅馬的競技場總是上演著罪犯與野獸的戰爭。羅馬人將罪犯（有時是死囚犯、奴隸或一般戰士）與野獸同置於競技場中。罪犯手拿著刀劍、三叉戟、矛或火把，他們利用這些武器必須與野獸搏鬥、殘殺，直到一方死亡為止。這種血腥暴力的遊戲，目的是為了教導人民如何戰鬥，以便擴張羅馬帝國的勢力。

那一天，一名罪犯顫抖的緊握一支長矛，他即將面對一場贏不了的戰爭。他知道今天要面對的是一隻餓了好幾天的獅子；他不敢想像，他會如何的被獅子撕裂，想到這裡，他就恐懼了起來。

四周圍的鼓譟聲，加上戰鼓隆隆，餓極了的獅子，望著遠遠的罪犯，牠仰天長嘯一聲之後，便迫不及待地猛撲上去。

罪犯嚇呆了，他緊閉雙眼，無意識的將手上長矛向前一刺，獅子靈巧地避開了。一轉身，獅子正要撲上去……。

就在這千鈞一髮之際，那隻餓極了的獅子突然停止了攻擊，雙眼望著那名罪犯。

這時，奇蹟發生在大家的眼前，那隻獅子不但停止了攻擊，還緩緩地圍繞著罪犯打轉，眼中的暴戾之氣完全消失。然後，獅子慢慢地在罪犯身邊趴了下來，溫順地舔著他的手和腳。

全場頓時鴉雀無聲，沒一會兒爆發出熱烈的歡呼聲。羅馬皇帝也大為驚訝，破例地把這名罪犯叫到看台上來，詳細詢問原由。

原來在多年前，這名罪犯路邊發現了一隻受了重傷的獅子，他小心翼翼地替獅子包紮了傷口並照料牠直到傷口癒合，才送牠回到森林。今天在競技場裡的，顯然正是這隻獅子！聽完了罪犯的講述，羅馬皇帝大為感動，立即赦免了罪犯，讓他平安回家。

生活智慧

如果有人下了這樣一個結論：一隻獅子救了一個罪犯的性命，那麼這還是一個片面的結論。實際上應該這樣說，救了罪犯的是他自己本人，而不是那隻餓極了同時也不失仁義的獅子。也就是說，因為他自己種下的善因，所以他收獲了這個善果。

塞翁失馬

有一艘漁船遇上了海難，船隻被風浪打翻，所有船員全部遇難，只有一個活著飄流到了一座孤島上，他獨自一人在靠採集果實、捕獲些小動物，艱苦地在島上生活著。

他用身上的衣物做了一面白旗，天天站在山頂搖，希望會有人看見前來救他，但一直都沒有結果。他想一時半刻大概是不能離開這個荒島了，於是先在島上蓋一間茅屋，製做一些簡單的生活用品，準備打持久戰。

但有一天，完成不久的小茅屋忽然著火，連同他多日來辛辛苦苦製作的一點家當全都化為灰燼。

他感到非常地傷心絕望，埋怨上帝：「我好不容易才建立起來的家就這樣化為灰燼，上帝啊，你為什麼要逼我走上絕路？」

正當他沉浸在絕望中的時候，忽然看到一艘船駛近小島，他連忙揮手示意，終於獲救了。

途中，他問他們是如何知道島上有人的。

救他的人回答：「我們也不知道，但看見島上有火，船長就派我們來看看。」

生活智慧

樂觀的人能從憂患中看到機會，悲觀的人從機會中看到憂患；因此，當你面對危難降臨時，一直抱怨對解決問題毫無益處，最好的辦法就是永不放棄、努力追求。

信念的魔力

假如你經常閱讀有關一些成功名人、學者或大發明家的介紹和傳記，你一定會發現，這些名人的成長過程似乎都有一個固定的模式。

首先，他們在孩提時代，多半是一個令人頭痛的孩子，在學校也是一個問題學生。周圍的人都異口同聲地說，這種小孩將來是不可能有成就的。甚至，有些還受到家人的輕蔑與鄙視。

但是，這些「沒出息」的孩子，他們的身旁往往會出現一個救星，可能是家人、老師，有時可能只是個陌生人。因為他們對孩子充滿了信任，因為這樣的信任，往往發揮出偉大的力量。

一位名叫羅森塔爾的學者，曾做了一個實驗。羅森塔爾向學校提供一些學生的名單，並告訴校方，他透過一項測試發現，這些學生都是天才學生，只不過尚未被開發、未表現出來。

到了學期末，這些學生的成績的確明顯比其他學生高出很多。其實，這只是從學生的名單中隨意抽取出來的幾個人。羅森塔爾解釋，這就是由於老師期望的影響。由於校方以及老師們認為這些學生是天才，因而寄予很大的期望，在上課時也給予更多的關注，透過各種方式向學生傳達「你是天才、你很優秀、你是最棒的！」這樣的資訊。學生感受到教師的關懷，因而產生激勵作用，學習時加倍努力，因而獲得了好成績。由此可見，「積極期望」對人的行為影響有多大。

在希臘神話中，塞浦路斯的國王皮格馬利翁，深愛自己雕刻的一個美女，後來因為他的誠心感動了天神，這位美女竟然變成真人。

所以，這種現象又被稱為「皮格馬利翁效應」，也就是我們常說的「信念的魔力」。

生活智慧

我們需要別人的信任，也必須相信別人，當你被別人信任的時候，你會按照他所相信的方向去努力，去達到他所為你設定的目標；同樣，當你相信別人的時候，他也一定會更加勤奮而努力。

門閂與心閂

一位女記者去外地採訪，時間很晚了，前不著村，後不見店，只好借宿於一座寺廟。方丈把女記者帶入一間客房：「施主今晚就在這兒安歇吧！」女記者將室內打量一番，靦腆地說：「這門沒有門閂。」「阿彌陀佛，」方丈雙手合十，意味深長地答道，「施主，沒有門閂卻有心閂，心閂也是閂。」

世上的門閂千萬種，再高級的門閂，閂得了君子，閂不住小人，閂得了別人，閂不住自己。只有心閂，才是雙保險閂，既閂得住妖魔，也閂得住邪念。

另外一個真實的故事：老左十分清楚地知道自己的妻子有外遇，可是老左一直保持沉默。有個晚上，老左走進妻子臥室，這裡他已經有五年沒有進來過了，她吃了一驚。

老左對她說：「妳就留在床上。我坐在這把扶手椅上讀書過夜！我聽說妳懷孕了，昨天聽妳在咳嗽，我是為你們母子倆才到這裡來的。」

她哭了，非常內疚地對老左說：「我實在對不起你，你專心事業都沒有時間陪我，我在最寂寞和孤獨的時候與他相識。其實，我真的不是故意的。有天中午，我正在午睡，那天居然忘記閂門，他便悄悄地走進了我的房間……」

老左淡淡地說：「關鍵還是要有一把心閂，正如五年來的我，正如今夜陪坐在你床邊的我。」

生活智慧

你內在的力量是獨一無二的，只有你自己知道自己能做什麼。但是除非你真的去做，否則連你也不知道自己真的能做。每個人都有在靈魂上痛感孤獨和寂寞的時候。而且，越寂寞，別人越容易乘虛而入。

人生的道路雖然十分漫長，但緊要處只有幾步，而這幾步，常常出現在寂寞和孤獨的岔路口，一腳不慎，就可能遺憾終生。

每個人都應該配備一把心閂，還應懂得什麼時候將心扉打開；什麼時候用心閂插上，把門關得緊緊的。

自以為是，錯失良機

美國總統羅斯福先生年輕時在牧場工作，有一次和一個資深的牧場老手麥利到某地打獵。

他們看見一群野雞，見獵心喜的羅斯福二話不說馬上追上去要獵野雞。

「慢著，這次不能打！」麥利想攔住他。

年輕的羅斯福對於這個警告毫不理會，他眼中只有那群野雞，就在步步逼近時，忽然見到一隻獅子從另一頭樹叢中跑出，很快就逃得不見蹤影。等到羅斯福回過神，想轉移目標時，已錯失獵捕獅子的好時機。

麥利氣得火冒三丈，臉紅脖子粗地責罵道：「你這個自以為是的笨蛋，以後只要我舉起手打信號，你就給我立正站好不准動。」

羅斯福乖乖地承受著前輩的責罵與教訓，因為他很清楚，自己因為無知所犯下的錯。從此他就很認份地服從麥利的命令。他之所以願意服從，是因為麥利對於打獵這件事有豐富的知識和經驗。

生活智慧

沒有人什麼都懂，對於自己不熟悉的事物，請教專業人士才有正確答案。

誰是天才

克強在部隊服役時，曾接受過智力測驗，他獲得了一六〇分的高分。這真是空前的分數；要知道，部隊裡從沒人這樣過，況且標準值也才一〇〇分，於是克強理所當然地被稱為天才。

他沾沾自喜，但這樣的頭銜，並沒有為他改變些什麼。他仍是一名二等兵，最高職務也不過是擔任伙食值勤員。部隊裡有位汽車技師，他的智商測驗可就不太高了。克強就常常笑他是笨蛋，測驗出來的成績那麼差！總是想當然地認為自己比他聰明得多。

有一次克強的汽車出了毛病，克強急的像熱鍋上的螞蟻，不知如何是好，他突然想到那個技師。克強急急忙忙地去找他，焦急地注視者他檢查汽車的相應部位，技師沒多久就修理好了，克強興奮極了，一直感謝他！技師只是笑了笑說：「天天碰車，習慣了！」

有一次，技師問克強：「有一個又聾又啞的人來到一家五金店買釘子，他把兩個手指頭並攏放在櫃台上，用另一隻手做了幾次錘擊動作，店員拿來一把錘子給他。

他搖搖頭，指了指正在敲擊的那兩個手指頭，店員便給他拿來了釘子，他選出合適的釘子走了。接著進來一個瞎子，他要買剪刀，你猜他是怎麼表示的呢？」

克強舉起右手，用食指和中指做了幾次剪刀動作。

技師一看，開心地哈哈大笑起來：「啊！你這個笨蛋。他當然是用嘴巴說要買剪刀呀。」

接著他又頗為得意地說：「今天我用這個問題問了許多人喔！」

「上當的人多嗎？」克強急著問。

「不少。」他說：「但我事先就知道你一定會上當。」

「為什麼？」克強好奇地問。

技師笑了笑回答：「因為你太聰明了。」

生活智慧

一個聰明的人並不是指他事事都比別人高明，而僅是指在某一方面的天賦。

智商並不是絕對的，它的價值由社會給予我們的生活環境所決定。

蘋果裡的星星

小兒子興奮地走上前來，向我報告今天幼稚園裡發生的事情，說著說著他神祕地說：「媽媽，我今天發現一個祕密喔！」

我饒富趣味地看著他，只見他去拿了一顆蘋果，以及一把水果刀。

我擔心地說：「媽媽有教過你，小朋友不能拿刀喔！」

他撒嬌地向我說：「媽媽，妳看一下嘛！我發現一個祕密耶，我會小心的啦！」

接著就看著他將蘋果橫著放，在我還來不及阻止他，教導他「正確」的切蘋果方法時，他已經攔腰將蘋果切成兩半。

然後，他將切好的蘋果伸到我面前：「媽媽妳看，裡頭有顆星星呢！」

可不是嗎！從橫切面看，蘋果核果然呈現出一個清晰的五角星狀。我們這一生不知吃過多少蘋果，我們總是規規矩矩地按正確的切法由上到下把它們一切兩半，卻從未發現，另一個方向，卻有著這麼一個不同的變化。

我看著小兒子對他說：「好棒的發現，好美的星星。」

生活智慧

我們往往因循守舊，一成不變按照別人的生活方式走下去，孰不知，有時稍作改變、會發現一片驚奇的天空，許多發明創造也因此而產生。

別小看自己

由於一年風調雨順，莊稼今年大豐收。於是村裡決定舉行一次隆重熱鬧的豐收祭慶典禮，以酬謝神明，並祈求來年的豐收。

慶典舉行前，村長要求每家都要獻出自家釀製的一壺酒，倒入祭台旁邊的一只大木桶裡，慶典結束後大家再一起共享。

於是村中的每一戶人家紛紛自家中提了一壺酒，並鄭重地將這些酒倒入了那只大木桶裡。

祭典熱鬧的進行著。當祭典接近尾聲時。村長要大家拿著杯子輪流去裝酒。待村長說完祝福的話後，大家一飲而盡。

就在此時，每個人都現出尷尬的表情。因為大家喝下去的都是清水，沒有一點酒味。

原來每戶人家都抱著投機取巧的心理，想用一壺清水代替酒，心想在那麼多的酒中，自己這一壺清水是不會被察覺的。

生活智慧

不要認為你對團體是微不足道的。團體的榮耀是由所有的人共同創造的；缺了你一個人的貢獻，可能就會造成整個團體工作的失敗。所以，要拿出你的熱情來為團體出力。

心靈的自我

有人說「最後的晚餐」是達文西最偉大作品。而達文西在創作這幅畫時，曾為尋找模特兒而費盡腦汁。

一開始，他先在米蘭大教堂的唱詩班裡找到了擔任耶穌的模特兒。那個人年輕瀟灑，有著一雙明亮的眼睛和一副溫柔善良的面孔，讓人見了如沐春風。

但出賣耶穌的猶大這個角色十分重要，達文西始終找不到合適的模特兒，因而畫作進行了幾年還沒有完成。

有一天，達文西路過貧民區的一個小酒吧，他看見有一個人站在酒吧門口，而那個人的眼睛充滿了奸詐、狡猾，滿身都是酒味，一臉的貪婪，達文西欣喜若狂，他終於找到了他心目中的猶大了。

達文西給了那人一些錢，請那個人做模特兒，那人同意了，達文西就領他來到自己的畫室。

當那人看到那幅未完成的畫像，忽然怔住了，慢慢地走到畫像前，輕輕地觸摸那耶穌的畫像，眼淚慢慢地流了下來。達文西好奇地問道：「你認識這個人？」

一陣沉默之後，那人輕輕地說：「那個人就是我。」

生活智慧

外表的假象不等於你內在的真正擁有，面對紛擾多變的人生，我們絕不能只追求外在的形式而忽略對實質的充實。畢竟，我們不能只靠幻想過日子。

真正的聰明人

小威是一個文靜且怕羞的孩子，不像別的男孩子那樣顯得活潑聰明，所以鎮上許多人都把他看成是一個傻瓜，常常捉弄他。

他們經常玩這樣一個遊戲：當他們看到小威時，就把一枚一元硬幣和一枚十元硬幣擺在他面前，要他選擇拿一個；而小威總是拿起那枚一元硬幣，於是大家哄然大笑，紛紛嘲笑他：「這孩子真是傻子、笨蛋；連一元和十元都分不清楚！」

有一天，有一位好心的婦人，看見這些頑童又再捉弄小威，很不忍心，就對他說：「孩子，十元要比一元多，難道你不知道嗎？」

小威悄悄地對她說：「我當然知道。不過，如果我挑了那枚十元硬幣後，他們就再也沒有興趣跟我玩這個遊戲了。」

生活智慧

當很多人自以為聰明時，其實正顯示出了愚昧和無知，然而他們卻還要用自己的愚昧和無知來嘲笑別人的明智和聰明，這樣除了將自己的弱點暴露給別人，還能得到什麼呢？

傘兵的恐懼

飛機在高空轟鳴。「你怕嗎？」班長緊貼著第一次跳傘的新兵，大聲地喊著，並用手示意著跳傘動作。

新兵遲疑片刻，看著緊盯著他的眼睛，老實承認：「我怕。」

「我也怕。」他說：「但是，我們必須完成跳傘任務，你說是不是呢？」

不知為什麼，當新兵知道班長也害怕的時候，他的心情突然不那麼緊張了，也不再為自己害怕而羞愧自責了。

他們順利地從高空躍下來，乘著降落傘回到大地。

多年以後，那位新兵還清楚地記得第一次跳傘，以及班長的話。

生活智慧

經歷了痛苦的折磨後贏得的榮譽和勝利，遠比與那些可憐的人為伍好得多，至少我們知道什麼是勝利，什麼是失敗。

只有體驗過失敗的痛苦，才能享受到成功的喜悅。

老農的智慧

初春，一個畫家到農村去寫生。

他在田埂上遇到一位老農夫，他正荷著鋤頭準備下田。

畫家問他：「請問您，想要得到豐收，第一件該做的事情是什麼呢？」

「深耕。」老農夫很簡潔地回答。

「深耕？」畫家對於這兩個字有些疑惑。

「對！深耕！就是早早下田，把泥土深深地犁起。這樣，土壤就會變得鬆軟而均勻，更由於泥土整個翻過來，接受了太陽的曝曬，因此能減少許多病蟲害。」

老農夫又補充道：「我最看不慣那種年輕人，他們總是貪玩，直到要插秧的時候，才匆匆下田，淺淺犁土，雖然因為肥料和殺蟲劑的進步，稻穀也會長得很好，但是如果他們能夠早早深耕，必定會得到大豐收。」

生活智慧

人在耕耘土地之時，同時就是在耕耘自己的心靈、品性的園地。期待大豐收的來臨，是否應回頭看看，自己究竟付出了許多？

沒有殘缺的生命

溫蒂的右手肘以下部分是先天性殘缺。可是媽媽從來沒有放棄過她，她總是告訴溫蒂：妳自己去做。

八歲那年，溫蒂哭泣地對媽媽說：「我沒辦法剝花生，因為我只有一隻手。」

媽媽正在縫紉，她頭也不回地下命令：「回廚房去剝完花生。不要總是用妳的手作藉口。」

最後，她學會了剝花生：將花生夾在腳趾，用健全的左手剝花生殼。事後，媽媽鼓勵她：「只要妳竭盡全力，妳可以做任何事情。」

上學時，老師帶大家玩盪鞦韆。輪到溫蒂時，她搖著頭說不行，許多同學看著她大笑起來。回到家，溫蒂傷心地哭了。

從那以後，媽媽一下班就帶她返回學校，在空曠的操場上教她玩盪鞦韆。她在溫蒂身邊保護她，要她先用左手抓牢一條鍊子，再靜候她用右手臂夾住另一條鍊子。

就這樣堅持不懈地練習，溫蒂終於在鞦韆上盪來盪去，讓嘲笑過她的同學瞠目結舌。

生活智慧

上蒼不能決定你的命運，你的命運原本就掌握在自己的手中。

不還就退讓，用自己的方式獨立解決生活難題，讓人們領悟到生活的真諦——苦難與抗爭讓人成長。不要自憐自艾，不要自暴自棄。世上只有殘缺的靈魂，沒有殘缺的生命。

財富一如浮雲

有個四方雲遊的和尚，有一天在荒山中撿到一塊價值連城的寶石，他隨手就放進了口袋中。

走了沒多久，他遇到一名奄奄一息，幾乎要餓死的乞丐。他停了下來，打開口袋準備找些吃的東西來救活那名乞丐，一不小心那塊寶石滾了出來。

乞丐看到後，向和尚請求說：「一點點吃的東西只能延續我一時的生命，而有了這塊寶石我就可以一輩子高枕無憂了。師父，求你把這塊寶石也送給我好不好？」

和尚毫不猶豫地說：「好。」就把寶石遞了過去。

乞丐吃了食物，恢復體力，千恩萬謝地告別了和尚轉身離開。

但沒過多久，他卻又轉了回來，跪倒在和尚的面前：「師父啊！您給了我食物救活了我的生命，還給我寶石解決了我的生計。可是，我還是斗膽想要些更寶貴的東西，請您給我能讓你毫不猶豫地就把寶石給我的那種心靈吧！」

生活智慧

錢財富貴都是身外之物，對它們的過分執著和珍視，純粹是一種短視的行為。

沒有了錢財，生活固然會陷入窮困；沒有了心靈的安靜，那可真的是醉生夢死了。

燈芯將殘

有一位醫師，不但醫術高明且熱心救人，所以遠近的民眾都喜歡找他醫病。

一天，來了一位半身不遂的白髮老翁，坐在輪椅上，由兒子推著走。

「無論如何，拜託你救救我父親……」四十多歲的大男人，哭得像孩子一般。「我父親看了好幾位醫師都沒有起色，我只想讓他多活幾年。千萬拜託，大夫。」

醫師仔細量脈搏、血壓、做了心肺檢查後，開了一些藥品交代如何服用外，特地叮嚀男人：「回家之前，不妨上醫院三樓的佛堂坐坐。」

男人聽了一頭霧水，只當醫師是在安撫病患情緒，沒放在心上。

匆匆地過了兩個月，男人又推著老父來看診，仔細檢查、開了處方箋後，醫師又再一次囑咐他，一定要陪父親去三樓佛堂坐坐。

但男人依舊沒在意，拿了藥便推父親離開，心裡還想這個醫師還真奇怪。

直到第三次看診，拿完藥後，醫師特地攔住他，並為他們按下電梯，要求一同前往三樓佛堂。

三人默默瀏覽著佛堂內素雅的茶几、盆栽和書架上的善書與佛經；幾坪大的空間裡，除了清水和燃燒著的檀香外，就是一盞古樸的燒著燈油的燈。將殘的燈芯，在澄黃的燈油內緩緩地燒著；晃動的火影，讓一切變的有些模糊……。

「我請你們上來坐的原因，是請你們看看油燈的燈芯……」醫師指著前方說：「每一盞油燈都需要燈芯。有最好的油卻沒燈芯，還是無法燃燒的。每當油快要燒光，燈蕊剩下一小截的時候，我就會想再添些新油到容器裡，應該可以延長燈芯的壽命、延長燃燒的時間吧，於是我便將新油直接加了進去，結果，你們猜怎樣？」

望著滿臉疑惑的父子二人，他緩緩接道：「我總是貪心倒進太多油，結果不是火焰變得極微弱，就是燈芯根本燒不起來。試過好幾次以後，我才明白：要讓燈芯發出最自然的光芒，只有一個方法，就是在容器內注滿油，讓燈芯一路燒完，油盡燈枯後，再添入新油、換上新燈芯，這才是點燈的正確方法。」

男人恍然大悟，默默點頭，含淚推著輪椅上的老父離去。

生活智慧

容器是命運，油彷彿是我們身處的世界，而燈芯就是肉體軀殼一樣。

油燈將殘，就讓它殘吧；花之將死，就任它枯萎吧！殘敗枯萎只是一種順應天理的循環。

放寬你的心胸

有一個人在貿易公司上班，但他很不滿意自己的工作，他總是對朋友抱怨著上司與公司的不是。這天他又忿忿地對朋友說：「我的上司一點也不把我放在眼裡，改天我一定要對他拍桌子，然後就辭職不幹。」

「你對那家貿易公司的流程完全弄清楚了嗎？對於他們做國際貿易的竅門完全搞懂了嗎？」他的朋友反問。

「沒有！」他生氣地說。

「君子報仇十年不晚。我建議你好好地把他們的一切流程都弄清楚，生意上的技巧、商業文書的寫法和公司行政、人事組織都徹底地了解，甚至連怎麼修理事務機的小事你都要學會，然後再辭職不幹也不遲啊！」

他朋友微笑的對他說：「你用他們的公司，做一個免費學習的地方。當你什麼東西都懂、都學會了之後，再一走了之，不是既出了氣，又多了許多收穫嗎？」

那人想了想，便決定聽從朋友的建議。從此便認真的在工作上學習許多事物，甚至下班之後，還留在辦公室研究書寫商業文書的方法。一年之後，那位朋友偶然遇到他，便問他：「你現在該學的應該都學會了，準備跳槽了嗎？」

那人笑了笑說：「我發現這一年來，我的認真學習讓老闆對我刮目相看，他開始不再亂挑剔我，最近更是委以重任，又升官、又加薪，我已經成為公司的紅人，正打算好好的發揮一番！」

生活智慧

所謂的仇，是多麼渺小和不值一提的事啊！

「君子報仇，十年不晚」，所有的人都會這麼說。可是又有什麼樣的怨恨，能經得起十年的等待呢？也許十年過後，你會忽然發覺：所謂的仇，只是一件微不足道的小事一樁。

認真面對人生

有一個乞丐，他看上去只有三十多歲，長得很強壯。他每天端著一個破碗，挨家挨戶的地各家討飯。他的要求不高，無論是饅頭，還是稀飯都不嫌棄。

過了一陣子，便有人看中乞丐的身材和力氣，想請他去幫忙打零工。該乞丐竟一口回絕，說：「給人打工賺點錢多辛苦，遠不如討飯來得省力省心。」

另外，有一個老頭子，每天傍晚，一個人到垃圾箱裡撿垃圾。老人是個駝背，這使他原本就矮小的身材愈發顯得矮小。

為了撿拾垃圾，他必須將臉緊緊地貼在垃圾箱口，否則他的手就不足以搆到裡面的「寶」。而那地方正是垃圾箱最髒的地方。

老人每次撿完垃圾都像打了一場勝仗，他完全不顧及別人臉上的那種鄙夷。

生活智慧

現實的社會中，你要如何的面對自己？

在面對貧窮時，有的人自甘墮落，有的人自力更生不停地努力。自甘墮落的人只會一事無成；不停地努力的人，才是認真的面對人生的勇者。在困境中的朋友，你選擇什麼？

天堂與地獄

一個商人和一個流浪漢死後來到了閻王面前。

「你憑什麼到天堂呢？」閻王問商人。

商人想了想，便說他有一次在街上給了一個乞丐五十元。

閻王冷冷地點了一下頭，然後轉過身去問他的助手：「這事有記載嗎？」助手點了點頭。但閻王對商人說這還不夠。

「等一下，等一下，還有，」商人說：「上個月，我絆倒了一個無家可歸的女孩，也給了她五十元。」

閻王深思了一會兒後，問他的助手：「我們該怎麼樣呢？」

助手不耐煩地瞟了商人一眼說：「我想我們還是給他一佰元，讓他留在地獄裡算了。」閻王頓首表示同意。

「你又是憑什麼到天堂呢？」閻王問流浪漢。

「抱歉，我沒有。」流浪漢低聲說：「去年的一個冬夜，我把乞討來的半個饅頭給了另一個得病的乞丐。但那晚他卻凍死街頭，我好後悔沒有把他帶回我棲身的橋洞；還有一次……」

「好了，」閻王微笑著打斷了流浪漢的話，轉身對他的助手說：「他應該進天堂。」

生活智慧

為富不仁者竟然還想著憑一點點功德升入天堂，誰知天地有眼善惡明察，究竟逃不過地獄之苦。

雖然身無長物，但心地善良，他的福報可就大得多。所謂施予的可貴之處也就在這裡。

沉入湖底的寶石

據說在一處深山的湖畔出產一種黑色的、堅硬的鵝卵石，劈開卵石，就可以得到價值連城的寶石。

這種石頭外形和其他的鵝卵石沒有明顯的不同，只是摸起來不像別的石頭那麼冷，稍微有些暖，因此還是很容易辨識。

一個尋寶人知道了這個祕密，開始一顆顆尋找。

「是塊冷石頭。」他感覺撿起來的一塊塊石頭都是冰冷的，知道不是寶石，就隨手扔進湖水裡，繼續撿起下一顆。「又是塊冷石頭。」他一面自言自語，一面不停把石頭扔進湖裡。

就這樣一年過去了，石頭也不知道被他扔掉了多少。

這天，他又開始尋找鵝卵石。當他拾一塊石頭又說了句：「又是塊冷石頭」便隨手丟進湖之後，他忽然意識到，剛剛那塊石頭拿在手裡時居然是暖和的，那正是他千辛萬苦尋找的寶石啊！

他懊惱地大叫起來，可是那塊寶石，已經在他無意識的一擲之後，沉入湖底了。

生活智慧

習慣往往會束縛我們對事情的認識能力，經常對自己說：「你可以！」。當你這樣說的時候，你就為自己增加了信心，也增加了力量。也許，你真的會因此而獲得意想不到的好處。

心田

智者的弟子，個個學富五車。他意識到自己將不久於人世，但對弟子們又頗為不放心，於是就決定露天講授最後一堂課。

「你們看，田野裡長著些什麼？」智者問。

「雜草。」弟子們異口同聲地回答道。

「告訴我，你們該怎麼除掉這些雜草？」

眾弟子不禁有點愕然，心裡暗笑想說：「這個問題也太簡單了。」

大弟子首先開口道：「只要給我一把鋤頭就足夠了。」

二弟子馬上接著說：「那還不如用火燒來得乾脆。」

三弟子緊接著反駁說：「要想斬草除根，只有深挖才行。」

眾弟子們一個個爭鬧不休，智者聽後微微一笑，站起來說：「這堂課就到此為止。你們回去後按照自己的方法去清除一片雜草，一年之後再回來這裡相聚。」

一年時間轉眼間就過去了，當弟子們再次相聚時，他們都很苦惱。因為，無論他們採用什麼方法，都無法完全清除雜草，有的反而更多了。

因此，眾弟子都急等著要向老師請教。然而智者已經與世長辭了，死後只留給弟子們一本書。

書中有這麼一段話：「你們的辦法是不能把雜草徹底清除乾淨的，因為雜草的生命力很強。要想除掉田野裡的雜草，最好的辦法就是在田野裡種上莊稼。是否想過，你們的心靈也是一片田野。」

生活智慧

我們的心靈就像一座園圃，要讓它荒廢不治，還是讓它潔淨美麗，那權力全在於我們的意志。

在這五彩繽紛、喧囂浮躁的世界上，人們的心靈既培育著真、善、美，同時又是滋生假、惡、醜的溫床。

這些假、惡、醜來自於人類原初的生物本能積澱，它們的生命力非常頑強，稍不留意就會使我們心靈的田野變得荒蕪一片。

我們只有在心靈的田野中種滿「莊稼」，才能使「雜草」的生存空間變小，莊稼越是茁壯繁茂，雜草就越是孱弱萎縮，心靈田野中的雜草也就容易清除乾淨；我們如果讓真、善、美充溢於我們心靈的田野，把假、惡、醜排斥於心靈的田野之外，我們的心靈就會得到淨化，生命的境界就會得到昇華，平凡的人生也就會閃耀出詩意的光芒。

Part 2

擦拭心靈上的灰塵

只要我們能夠坐下來，並且保持沉默，生活中五分之四的煩惱都會不見了，因為它們大都是由自己主觀空想出來的，而不是真的發生在我們的身上。

蝜蝂記

中唐古文大家——柳宗元有一篇著名的寓言故事「蝜蝂記」中記述：「蝜蝂」是一種非常擅長背東西的小蟲，在牠爬行的時候，只要一遇到牠喜歡的東西，也不管有沒有用，總要想盡方法抓過來放到自己的背上。

儘管有時背得東西太多太沉重，壓得牠走路都變困難了；可是一遇到喜歡的，牠還是不停地往自己身上加東西。所以到最後，牠被壓得倒在地上動彈不得。

有些人遇到這種小蟲子時，覺得牠十分可憐，便替牠去掉背上的東西。但當牠一恢復到能夠爬行的時候，就又變得跟原來一樣，遇上喜歡的東西就再次往背上放。

這種小蟲子還有一個特點，牠非常喜歡往高處爬。牠一面向高處爬，一面不停地往自己背上加東西，累得精疲力盡也不知道停止，或把背上的東西扔掉，所以最後牠們往往都從高處掉下來摔死了。

生活智慧

生命的真正意義不在於自己有多少財富，而在於內心是否充實。

狂取豪奪最終害的可能是自己。

因自負而敗

西元一四四九年，瓦剌統一了蒙古各部落，進而入侵明朝北部邊境。消息傳入京師，明英宗寵信的太監認為打敗瓦剌軍只是小事一件，因而極力鼓吹英宗親征，許多大臣求皇上收回成命，竟還因此被治罪。

王振從全國各地緊急調集五十萬人馬出征，由於倉促行事，將士們連禦寒的衣物都沒有；當時陰雨綿綿、寒風刺骨，冷颼的風侵入肌骨，將士們痛苦不堪。

瓦剌軍見英宗親征，採取誘敵深入的策略。王振趾高氣揚地認為瓦剌軍畏懼怯戰，明軍不察，中計長驅直入，結果後備供應不足，許多士兵或病死或餓死，士氣低落到了極點。瓦剌軍趁機設下埋伏，殲滅了許多明朝軍馬，剩餘的明軍只得匆忙後退。

明軍剛退到土木堡，瓦剌軍就趁機追趕上來，將明軍團團包圍，明軍糧草、飲水頓時成了問題。瓦剌首領也先佯裝與明軍講和，王振大喜過望，接受了講和條件，明軍的防備也就鬆懈了下來。瓦剌軍便趁機發動猛攻，土木堡前一片血海，數十萬明軍或逃或被殲，在混亂中，王振不僅被殺死，明英宗及數十名文武大臣也成為了瓦剌俘虜；史稱「土木之變」。

生活智慧

自負是自信得過了頭，即過高地估計自己，同時又過低估計了對手的實力。這使得自己缺乏對困難的足夠認識，導致大多情況下吃虧的只能是自己。

人性的醜陋

有一個瘸腿的乞丐，他天天坐在一個十字路口旁向人乞討，經過的路人看到他，有些人會可憐他，丟幾個零錢給他。有一個心地善良的先生，每天經過十字路口看到瘸腿的乞丐時，總覺得他十分可憐，所以都會固定地每星期給他一佰塊錢。

後來這位善心的人結婚了，家庭開支一下子增加了很多，於是他救濟乞丐的錢就變成每星期五十元。乞丐有些憤憤不平，但卻沒有說些什麼！

又過了一年，他太太生了一個孩子，開銷又增加了不少，於是他決定每星期只能給乞丐二十元。沒想到乞丐這次居然把那二十塊錢丟回來，很不高興地說：「這點錢哪裡夠用？」

那位心地善良的人有些不好意思，解釋道：「我現在結了婚，又有了孩子，家裡的負擔一下子增多了，所以不能給的像以前那麼多了。」

誰知乞丐聽了這番話，竟然氣憤地說：「誰讓你將給我的錢拿去養家餬口了？」

生活智慧

盲目地付出有時不一定會結出善果，就像乞丐那樣把別人對自己的施捨當成了必然的義務一樣。

救助別人也需要講究手法；重點應放在培養弱者的能力上，而不是單純的物質救濟。

代罪虱子

一隻虱子常年住在富人的床鋪上，由於牠行動遲緩，吸血時又比較輕柔，富人一直沒有發現牠。

一天，牠的朋友跳蚤前來拜訪。虱子見到老朋友，不禁興高采烈的向牠誇耀起來：「我這簡直就是天堂，睡的是輕柔溫暖的床鋪，吸的是美味可口的鮮血。今晚我請客，你就好好享受享受吧！」

跳蚤聽得口水直流，巴不得天快黑下來，好讓牠大快朵頤一番。

月亮爬上了樹梢，富人進入夢鄉。早已迫不及待的跳蚤立即跳到他身上，狠狠地叮了一口。富人從夢中被吵醒，憤怒地命令僕人檢查。

身手敏捷的跳蚤蹦蹦跳跳地迅速逃走了，動作慢吞吞的虱子成了替罪羔羊，可憐的牠到死，也不知道引起這場災禍的根源。

生活智慧

不管是被消滅者的悲嘆，還是僥倖逃脫者的竊笑，都無法不讓我們想起因果循環、善惡有報的說法，即使是一件小小的錯事，也必然會帶來不可預料的後果。

野兔的救命恩人

一個獵人到深山打獵。到了黃昏，他正打算回去，旁邊的樹叢中突然傳出聲音吸引了他的注意力。突然一團棕色物體向他直奔過來，他一驚定眼一瞧，看到一隻精疲力竭的野兔倒在他腳邊。牠正全身發抖，躺在獵人的腳邊，動也不動。

獵人覺得很奇怪，野兔一般都很怕人的，而且不容易親近，更別說待在人的腳邊了，所以獵人感到無比好奇。

此時，突然旁邊又出現了另一個聲響，獵人循聲望去，就看到一隻黃鼠狼從樹叢裡衝出來。牠佈滿紅色血絲的眼睛遊移地看著獵人及野兔，從陰森的尖牙中發出喘息聲。

獵人眼看著這一幕，他突然瞭解了黃鼠狼的意圖及野兔的動機。他故意舉槍朝著黃鼠狼前面的泥土射擊，黃鼠狼受到驚嚇，馬上向後彈跳，然後迅速地往另一端逃離。

獵人眼見黃鼠狼遠離，便對野兔說：「你安全了，快逃吧！千萬別再被遇到了。」

野兔睜著感激的大眼睛看著獵人，彷彿訴說著無限謝意；隨即朝著黃鼠狼離去的另一端緩緩奔跑而去。

生活智慧

當你的力氣用盡，你要轉向何方？當軟弱侵襲你，使你無力前行，你又該如何自處？

人們可能對利益的追求動力更大一些，對危害往往缺乏足夠的先見之明。利益擺在眼前時，後面也許就藏著一個陷阱，只不過貪欲抑制了戒心，欲望取代了理智而已。

凋謝的玫瑰

男孩與心愛的女孩一起去買了玫瑰的種子和花盆，他將玫瑰種植在向陽的窗台上；男孩對女孩說：妳在我的心中永遠是最美好的，我要種出最美的玫瑰花送給妳。

女孩微笑地看著他，看他用專注的神情替玫瑰澆水施肥，看他用期待的眼神注視著眼前的盆栽。女孩想起，當她與他第一次相見時，男孩正是用這樣的神情注視著她。

在男孩用心的灌溉培育之下，日子一天天過去，玫瑰終於長出了芽，生出了枝葉……

這時男孩迷上了到聊天室跟許多網友聊天以及玩線上遊戲，常和一群網友玩在一塊，幾天不找女孩是常有的事。女孩很擔心男孩，女孩總是撥手機給男孩，但男孩常常因為沒聽到鈴聲、或正與網友狂歡而沒有接電話，女孩越來越難找到他。

但每次男孩回到家，還是會先去看看窗台上的玫瑰；看到玫瑰垂頭喪氣，病奄奄的，他總是心疼地責怪自己的疏忽，並趕緊為它澆水施肥，希望玫瑰早日開出美麗的花朵……他想要看到女孩開心、燦爛的笑容。

某一天，男孩驚喜地看到玫瑰長出第一個花苞，他興奮地打電話給女孩，告訴她這個消息。等了很久電話的女孩，開心地聽他說著：很快我就可以送妳我親手種的，世上最美的玫瑰了！

但男孩依然沒日沒夜的出去玩，在家的時間越來越少。一天，當他回到家，低垂的玫瑰知道主人回來了而微微地抬起頭，可是男孩太累了，倒在床上就進入了夢鄉，第二天又匆忙地出門去。

許久未見到男女孩，這天來到男孩的家。她看到乾枯的玫瑰卻仍殘留著一片花瓣，似乎不放棄地在等著他，也許玫瑰也知道它的主人曾經那樣用愛去灌溉它，就是為了讓女孩能看到美麗的玫瑰綻放。

女孩看到桌上有一張相片，那是他與她親密的合照，照片中他們燦爛的笑著。那時的他有著陽光的笑容，而她則像一朵向日葵般向著他。

女孩看著奄奄一息的玫瑰，再看看鏡中映出的憔悴的自己，不禁滴下了兩行眼淚，而殘存的最後一片花瓣也在此時落下。

男孩疲憊地回到家，他想起久未照顧的心愛玫瑰，他著急地奔向窗台。玫瑰不見了，取而代之的是一盆仙人掌，以及一張字條。

紙條上面是女孩秀麗的筆跡：我走了！送你一株仙人掌，它不用你時常澆水與照顧；但是不管多耐旱的植物，當它缺乏愛的關懷與照顧，也終會有枯死的一天。

男孩終於醒悟，他總是把女孩溫柔的等待視為理所當然，當一切都已消逝，他只能懊悔的在心中說：妳是我心中永遠的玫瑰。

生活智慧

人總是要等到失去以後才知道可貴、珍惜，願你、我好好把握身邊的一切，不要再有這樣的遺憾。

老人的妙計

一位退休的老人，在鄉間買下一座宅院，打算安度餘年。在這座宅院的庭園裡，有幾株果實累累的大蘋果樹。鄰近的頑童，幾乎每天都要來拜訪這幾株蘋果樹，順手帶來的禮物則不外乎是石頭。老人在不堪其擾之餘，想出一招妙計。

這一天，他對著那些頑童告訴他們，從明天起歡迎他們來玩，同時在他們要走前，還可以到屋子裡向老人領取十元的零用錢。

孩子們一聽大樂；每天如往常一樣地朝著蘋果樹猛砸，天天來園中玩得樂不思蜀，然後再向老人領取十元的零用錢揚長而去。

一個星期過去後，老人告訴小孩們，以後每天只有五元的零用錢。頑童們雖然有些不悅，但仍勉強能接受，還是每天都來庭園玩耍。

又過了一星期，老人將零用錢改成每天只有一元。孩子們生氣地抗議：「哪有這樣的，錢越領越少，我們以後再也不來了。」

從此，庭園中恢復了往日的幽靜，蘋果樹也不再遭受孩子們的摧殘。

生活智慧

每個人都會有一種利用別人關心和慾望為籌碼以達到某種目的的心理，只要使用得當，就可以使他積極爭取；反之，也可以讓他消極放棄。

不要以貌取人

老李努力了大半輩子，終於存了點錢在郊區買了一棟房子！

老李早就對日益嚴重的空氣污染感到頭疼，他心想，反正有高速公路方便的很，到時再開車上班，也多花不了多少時間。

提起車來，老李又有些頭痛。他的那部舊車，每次發動時都會搞得烏煙瘴氣，還經常出些不大不小的毛病。「很快就會跟它說拜拜了。」老李買房子後的下一步就是換輛新車，他心裡盤算著！

這天，老李的行動電話響了，公司要他馬上趕回去接一筆很大的生意。他急忙地跳上車，準備飛車回公司；偏偏在這個節骨眼上，車子又出了毛病，任老李怎麼弄，就是無法發動。

老李的額頭滲滿了細細的汗珠，他知道這趟生意如果搞砸，他今年就別想換車、繳房貸了！

一位老人經過旁邊，饒負趣味地看著他。

「走開！」老李憤怒的咆哮著！

老人並不在意，他不知從哪裡弄來了一個工具箱，敲敲打打地沒幾分鐘，這車子竟奇蹟般地好了。

「真是……謝謝。」老李忽然不知說什麼好。

「小意思，我以前還修過坦克呢！」老人慢條斯理地說著。

生活智慧

清澈的小溪可能不起眼，但下面也許埋藏著豐富的金沙。廣闊的沙漠荒無人煙，卻有著巨大的石油寶藏。

「以貌取人」、「想當然爾」這正是使許多人難以正確做出判斷的歧途。

小狗的死因

一個旅行團到一個新開發的景點去旅遊，那是一個原始但卻落後的小山村。沒多久山區忽然下起大雨，道路被沖壞，旅行團被困在這個小村落裡。

帶來的物品已用盡了，小山村裡也沒有多餘的食物。後來村民找到了一些過期的食物，遊客們沒有辦法，只好將就食用。

但，他們仍心存疑慮，於是在食用前先扔了些食物給狗；眼見那條狗吃得津津有味，沒有任何不良反應，他們才放心地食用。

但沒過幾分鐘，忽然有村民說那隻狗死了，這下子可把大家嚇壞了。突然有人大喊頭痛，有人感到胃腸不適、開始嘔吐，還有人開始腹痛要去拉肚子。

村裡唯一的一位醫生為他們作檢查，但查不出任何毛病。

他們說：「這種小地方的醫生，能看什麼病？這下可完了！」大家更慌成一團。

醫生見查不出什麼病，就跑去查看狗的死因。

結果發現那條狗是被車撞死的。

生活智慧

你知道嗎？只要我們能夠坐下來，並且保持沉默，生活中五分之四的煩惱都會不見了，因為它們大都是由自己主觀空想出來的，而不是真的發生在我們的身上。

表面的鎮定

有一位道學大師總認為自己的定力深厚，所以對學生們要求十分嚴格，總說心若定，就能不為外物所動，泰山崩於前而色不變。

有一天，這位大師正在給學生們講課，突然發生了地震，一時間天搖地動，學生們嚇得驚慌失措，四散逃命。只有大師靜坐在那兒不動，慢慢地拿起杯子喝著水，顯得十分鎮定。

地震過後，大師召回了所有的學生，對他們訓斥了一番：「你們也太不成氣候了，我總勸你們要加強修養，你們總是不用心去做。你們剛才注意到沒有？地震時，你們亂成一團，嚇得東奔西跑，只有我獨坐不動，還若無其事地喝著水，連握杯子的手都沒有發抖。」

「先生，您的手或許真的沒有發抖，但是您拿的是一瓶墨水。」一位弟子輕聲地回答。

生活智慧

面對災難而產生恐懼感是正常的，不需要為自己的這種本能反應而掩飾。要緊的是找出一個克服災難的對策；用強裝鎮定的辦法來掩蓋自己內心的慌亂往往容易犯錯。

史達林的交易

第二次世界大戰結束後，一位將軍剛從柏林回至莫斯科，並向史達林報告工作。史達林很滿意，十分誇獎他。

報告完後，將軍依然坐在那裡，吞吞吐吐面露難色。

史達林關切地問道：「將軍，你還有什麼問題？」

「我有一件私事，可不知怎麼對您說。」

「你請講吧！」

將軍猶豫了片刻，說道：「我從德國弄了一些喜歡的東西回來，被邊防檢查站扣下了。如果有可能，我請求您下道命令，讓他們將東西還給我。」

「可以，請你開一份清單。」

將軍馬上從口袋裡掏出早就準備好的被扣物品清單，史達林立即批示：原數歸還。

將軍連聲道謝，史達林說：「不必。」

將軍仔細一看批示，見上面對他的稱呼不是「將軍」而是「上校」，趕忙詢問是不是寫錯了？

「不，沒有錯。我們這是等價交換，上校同志。」

生活智慧

職位的高低是依人的能力和品行而定。

為了自己的一點私利，如果都能不顧及所定的規矩，那要規定何用？

迷信的銅板

民坤的父親最近去世，好友怕他傷心，便去探訪他。

好友一走進書房，便看見民坤口中念念有詞，念完後，就將銅板往空中拋去，待銅板落下又用手接住，如此反反覆覆好幾次。

好友忍不住問道：「你在做什麼呢？」

民坤說：「我父親在生前曾告訴我，要將他所有財產都給我；但是，後來就在他臨死前又告訴我，要把他收藏的十幾幅名畫捐贈出去。我正拿不定主意，該如何做呢？不把畫送出去，我又於心不忍，畢竟這是父親臨終前的心願，我似乎不應該違背。但要我把畫送出去，我又捨不得。誰能保證父親臨終前一定是清醒的呢？於是我只好祈求上帝，讓祂給我指明一條路。我說我丟銅板，如果是人頭朝上，我就把字畫捐贈出去；但如果是字向上，我就把畫留下來不捐了。」

好友聽了疑惑地問：「那結果呢？你為什麼一扔再扔呢？」

民坤嘆口氣說：「因為這銅板老是不聽話，怎麼丟都是人頭朝上呀！」

生活智慧

許多人在請別人或上天為他們拿主意時，其實往往自己已經有了決定，他們只是要別人為他背書，因為他不想承擔選擇的責任。

報恩

邯鄲城有個張翁，專以賣布為生。一天晚上，小布店剛關門，張翁忽聽門外有痛苦的呻吟聲，他急忙開門察看。一個遍體鱗傷的老人正掙扎著爬到店門前討水喝。

張翁的妻子向來膽小怕事，今天家門口突然躺了一個受傷的人，丈夫還要把他帶回家，她趕緊制止說：「夫君，還是少惹是非的好！」張翁說：「不行，我們不能見死不救！」他將這人扶入屋內，要妻子給他熬些熱粥喝。

張翁收留這人養傷兩個月，待其痊癒能夠行走時，便給他一些盤纏，悄悄地將這個老人送出了城外，臨別也未問及此人姓名及何方人氏。過了十年，這天邯鄲城來了一位大布商，他帶著上等又搶手的麻布，要來這裡找人談生意！城裡許多的商人全忙著迎上去。

「我只找張翁談生意。」大盤商對前來的商人說。

過了一會兒，張翁來到了大盤商面前。

「謝謝大盤商的好意，可是我的小店也不值多少銀子。你這布起碼得幾萬兩，這樣大的交易，您還是找別家吧。」張翁一見大盤商就說道。

「張賢士，這些貨你可以賒帳，日後再還。」大盤商對張翁客氣地說。前來的商人都有點莫名其妙地想：這位大盤商是不是有毛病，怎麼找這麼一家小店？還甘願送貨給張翁這個老頭！他們有的議論紛紛，有的唉聲嘆氣，但每個人也只能無奈地陸續離去。

「能到我的客棧喝杯酒嗎？」等其他商人散盡了，大盤商面對張翁說。

「恭敬不如從命。」張翁忙說。酒席擺了上來，布商執意要張翁夫妻來共飲。當張翁及其妻落座後，只見布商站起來，然後又雙膝跪下向倆人磕頭。

「您這是做什麼？快快請起！」張翁夫婦這一驚非同小可。

「你們真的認不出我啦？」布商問道。

「您是……？」張翁夫婦想了半天，仍然無法認出。「我正是你們救過的那個人！」布商說著又恭恭敬敬地一揖到底。原來這個布商是為了來報答張翁那一水一粥之恩的。

生活智慧

對於他人對自己的善行，我們自然流露表達出高度的感恩之情。

要命的信用卡

小陳接到了這期的信用卡帳單，他的臉綠的僵硬。想到上個月衝動之下買的那雙全球限量球鞋，真恨不得穿上那雙球鞋跑到天涯海角，再也不要管這些惱人的帳單。

明莉已經算不清楚，這是她第幾次的援交。每次只要她一缺錢，她只能靠著這個辦法賺錢。明莉只是一個普通的上班族，一個月薪水只有二萬多元，哪禁得起她三天兩頭的買名牌包包或衣服？

望著信用卡帳單節節上升的數字，她想著該去兼差。一次機會，她在網路上遇到了一個人……自此之後，明莉展開了她的援交之路。

阿凱又被逮入警局了，這次是搶奪超商，只為了區區的三千元，現場圍了幾個社會版記者。有人問道：「你為什麼要搶超商？」

阿凱兩眼空洞、茫然的說：「我沒錢買毒品了。」

生活智慧

金錢常常成為了人們軟弱的根由，靜下心來，問問自己是否被它所迷惑？重新審視自己對金錢的態度，要時刻警醒，不要讓自己掉入可怕的惡念之中，同時也要防止別人可能對自己帶來的傷害。

小偷的禮物

一對夫婦在經歷了一天的忙碌工作之後，回到家中。他們打開家裡的信箱，看看有沒有什麼來信。他們意外的發現兩張電影票，那部電影正是最新上映的新片。

夫妻二人以為是哪個朋友好心送給他們，來找他們卻不在，所以索性放在信箱裡的。他們也沒多想，照著上面的日期，兩人開開心心的去看電影。

電影果真如影評所說精彩緊湊，兩人還在外面的咖啡廳，悠閒地喝了些飲料才回家。然而不幸的事情發生了。

當他們倆開開心心地回到家的時候，發現屋門被人撬開了。

二人急忙衝進屋裡，發現所有的櫃子和箱子被全部翻過了一遍，東西被扔得滿地都是，特別是夫婦二人結婚時所買的貴重物品也全部被偷了。

就在夫婦二人準備報警時，丈夫忽然發現書桌上壓著一張紙條。他急忙拿過來一看，只見上面寫著：「謝謝你們的合作」七個大字。

丈夫看完紙條，終於明白了那兩張電影票到底是怎麼一回事。

生活智慧

貪小便宜吃了大虧，「聰明」的小偷利用了夫婦二人的這種弱點藉機達成了自己的目的。

我們在為他們二人惋惜的同時，也應切記：面對意外的橫財不要高興的太早，踏踏實實才是正確的生活態度。

口蜜腹劍

莎翁有部很有名的戲劇——李爾王。

英國的國王李爾王八十多歲時，發現自己老了，為了安度晚年，他決定把國家讓給自己三個女兒去治理。他把三個女兒叫到跟前，想從她們的嘴裡聽出誰最愛他，這樣他好按照她們愛他的程度來分配每個人應得的國土。

大女兒、二女兒為了討得父王的歡心，她們都信口開河，編造了一大堆甜言蜜語。輪到小女兒說時，她只是平靜地說：「我的愛不多也不少，只是做女兒的本分去愛著自己的父親。」

昏庸糊塗的李爾王聽了這話非常生氣，認為小女兒忘恩負義、根本不愛他。暴怒之下，他將國土劃為兩半，平分給大女兒、二女兒。而將小女兒趕出他的國土。

大女兒、二女兒在得到李爾王的國土後，開始討厭年邁的父親。她們將李爾王當作一個累贅，開始對李爾王的生活不予理睬。

在一個雷電交加的雨夜，李爾王被狠心的女兒趕出王宮，流落荒野，而身邊只有兩名老僕相伴。

李爾王終於吞下了自己種下的苦果。

生活智慧

實話永遠沒有謊言聽起來順耳，所以很多居高位的人總是愛聽謊言。

實話就像一杯清澈無味的水，而謊言卻是一杯味道甜美的鴆酒；人總是在飲下毒酒之後，才發現清水的可貴。

禪師的修行

妙高禪師修行時經常打瞌睡，為了鞭策自己，他移到懸崖邊修行，這樣一打瞌睡，就會摔下山崖喪失性命。

有一次妙高禪師又忍不住打瞌睡，他也真的從崖上摔了下去。他心想：這次真的沒命了。沒想到在半山腰時，忽然覺得有人托住他，並將他送上來。

他驚喜地問：「是誰救了我？」

空中有個聲音回答：「護法韋陀！」

妙高禪師高興地想：有人為我護法，說明我的道行夠深！於是便驕傲了起來。

韋陀菩薩看出他的心意，於是告訴他說：「因你一念傲慢之心，我將二十世不再為你護法。」

妙高禪師聽了萬分慚愧，因自己一絲傲慢之心，也讓他體認到自己還需要再修行。

雖然，現在無人為他護法，但妙高禪師還是想要繼續修行，他心想：修不成，就一頭栽下去摔死算了。

誰知坐了沒多久，他又開始打瞌睡。一不小心又一頭栽了下去。他心想：「這次可真的沒命了」誰知當他快落地的時候，又有人把他送到懸崖上來。

禪師又問：「是誰救了我？」

空中又有一個聲音道：「護法韋陀！」

妙高禪師驚訝的問：「您不是說二十世不再護我的法了嗎？怎麼又來了？」

韋陀菩薩說：「法師，因為你剛剛生起一念慚愧之心，就足以彌補二十世的傲慢之心了！」

生活智慧

犯錯不可怕，怕只怕不知改正錯誤。錯誤對任何人來說都不可避免。只要能即時改正，你就前進了一大步。所以，做一個勇於承認並改正錯誤的人吧！

勸人向善

小時候常常會聽到大人跟我們說如下模式的故事：

有個憨小子心地善良、性情淳樸。有一次看見一個窮困的老頭子餓昏在雪堆中，雖然手頭只剩下半個饅頭，為了救人，寧可自己挨餓，他還是把僅有的糧食給了老頭子。不料，老頭子竟然是神仙的化身，有感於憨小子的好心，反而贈與他無數珠寶。

當然，通常後面還會再補上一段：一個老財主聽見憨小子只用半個饅頭就換來許多的金銀珠寶，於是如法炮製，結果卻弄巧成拙。

這類似的故事，其目的都是在勸人為善，俗話說：「勿以善小而不為」。

換個角度來看，能為小善者，其心必慈。因此，我們常可發現一些勤於照顧花草、動物者，對人、對事總能體貼入微。

生活智慧

出自性情淳樸的施捨是真心真意的，不求回報也能福報自來；如果先有了求報的心再去施捨，心裡已經沒有了善念，就只能落得被人捉弄的下場。

一念之差，結局相去萬里。

童稚的心

一個母親對我抱怨：「我家的孩子好笨，老師讓他用『天真』這個詞造句，他居然回答：『今天真熱！』我聽完哈哈大笑不已，直把那位母親的粉臉笑出了慍色。

不過，千萬別誤會，我絕不是在嘲笑那個孩子的笨；而是笑一個無邪的孩童，竟能把「天真」這個詞如此可愛地撮合在一起。

關於造句的笑話，我聽過許多。例如：老師要學生用「果然」這個詞造句，有孩子便說：「我吃了不乾淨的水果然後就肚子痛了」；老師請他們用「格外」這個詞造句，有孩子說：「某某小朋友在寫字的時候把字寫到了格外面」；老師再讓他們用「難過」這個詞造句，有的孩子便說：「我家門前有一條大馬路很難過」。

一個孩子在造「一知半解」這個詞時，居然異想天開地說：「我媽媽工作很緊張，她常常連衣服都來不及穿好，就一知半解地下樓去上班了」。

我總是忍不住在心裡一遍又一遍地回味這些可愛的句子。我想，我真是無可救藥地愛著這些可愛的錯誤了，對於這些錯誤的製造者，我常常有著一種超乎尋常的寬容。這些才出生二、三千天的孩子啊，我們有什麼理由去苛求他們，一定要造出一個個完美無瑕的句子呢？

面對浩瀚無邊的詞語海洋，孩子只是個初來乍到的拾貝殼的人，如果他們興致勃勃地往自己小小的背簍裡裝進了不美的石子甚或海鳥糞，你也用不著大驚小怪，更不要厲聲喝斥；你該用欣賞的語氣跟別人講：你看，我家的孩子做得多棒呀！

我們應該耐著性子，好好地教導這些尚未被污染、仍能琢磨的璞玉啊！除了聽完他們的童言童語外，正確導引他們進入國語文的世界，認識文字的美，感受真誠語言的影響力，才是我們應做的事。而不是只是一逕的生氣、大聲斥責，這樣孩子恐怕會離文字越來越遠吧？

有時我會見到一些有心人士，熟練地使用著一個個的雕章鏤句，面不改色地說著大話、廢話、謊話的模樣，我就感到痛心。有時，我聽到一些人伶牙俐齒、口若懸河地充當謬誤的辯護者的時候，我更會感到一種萬箭穿心般的疼痛。

我常想，童稚的孩兒應該怎麼去教育他們？教導他們正確地認識我們優美的文字才不至於不足到使用火星文，或是太過濫用文字。

我常想，如果詞語、文字有知，它定然寧願在無知的孩童那裡被幸福地錯用一萬次。也不願被某些無恥之徒高談闊論的玷污一次。

生活智慧

要造一個好句子並不太難；但，要成就一個美好的心靈，恐怕才是件困難的事。

不求回報的付出

在一處荒蕪的山腳下，一群孩子正在玩耍，他們忽然看見一位行動遲緩並且滿頭白髮的老人走過來。

那位老人背上背著一個沉重的包袱，手裡拿著一個小剷子。只見他彎下身用小剷子吃力地挖了一個小坑洞，然後便從包袱裡拿出一個東西埋進坑中，再用土將坑洞補滿回去。然後又去挖另一個坑洞，再重複著剛剛的動作。

孩子們圍了上來，好奇地問道：「老爺爺，您在做什麼呢？」

這位老人對孩子們說：「我正在種樹。我已經在這附近的荒山上種了很多很多的樹種。或許，其中只有十分之一的會發芽，而能夠繼續長成大樹的，也或許可能只有百分之一。或許我看不到它們長大成林，但我仍然希望能為我的下一代做一些有用的事。」

經過很多年很多年後，這群孩子們都已長大成人。有一天，他們再次相聚在那塊山腳下，他們驚訝地發現，荒山不見了，取而代之的是一片樹木參天的森林。

他們想起了那位白髮的老人；當他拿著小剷子慢慢地挖坑種樹時，他是懷抱著多仁慈的想法啊！現在他的付出終於有了回報，這一大片賞心悅目的綠色樹木，將會造福許多後代子孫！

生活智慧

你曾默默地付出過嗎？你曾得不到回報而苦惱嗎？不要放棄，你種下良善的種子，總有一天會發芽成長。

或許，你見不到它長成參天大樹，那又何妨？在付出的過程，你將會感到心靈的安樂和靈魂的愉悅，那也是一種收穫。

心靈的契合

人與人之間的相處，去除華麗的外包裝、甜蜜的詞藻之後，剩下的就是「心靈」能量的互通。

不論是朋友、師生、情人或夫妻之間，兩個心靈能量旗鼓相當的人，才能撞擊出「等量齊觀」的人生視野。也唯有這種心靈契合的相處方式，彼此才能在日常生活的對待中，言之有物、食之有味，雙雙得意盡歡。

交朋友，講的是「氣味相投」；而婚姻，重的是「門當戶對」。這些老掉牙的觀念，其實可以給予新的解釋應當是指彼此的價值觀相近。

我曾聽朋友說了一個故事：

有一個美麗、優雅的女子剛結婚，便央求先生帶她去國家音樂廳聽演奏會。她陶醉於舞台上名家演奏的大提琴樂聲中，這是她盼了好久、求了好久才實現的夢。

從小她就有一個浪漫的心願——希望和她心愛的人共度一個充滿著大提琴流洩悠揚

情感的夜晚。於是，結婚後，當有這個機會時，她迫不及待地懇求著新婚的丈夫陪她來聽這一場由知名音樂家演奏的大提琴音樂會。

出門前，百般不情願的他說：「到時候，我睡著了，妳可不要怪我！」

事情果然如他所料——演奏會才開始約二十分鐘，當大家漸漸進入琴聲時而厚沉、時而激昂的情緒中，此時會場突然傳出震耳的鼾聲，而這聲音正來自她座位旁，那位穿著體面的丈夫。

此刻的她，淚流滿面。並非為了悠揚的大提琴樂聲而感動；而是因為自己的孤單。一樁原以為幸福美滿、羨煞旁人的婚姻裡，竟是孤獨到連一場夢想已久的大提琴演奏會，都得不到丈夫的共鳴。

他不能體會這場大提琴演奏會對她的意義；或是他明白這個意義，但因為不完全認同，所以答應得十分勉強。

「一場大提琴演奏會而已，跟我愛不愛妳又有什麼關係？」丈夫懷疑的反問！這樁婚姻，沒有維持多久，就在丈夫的疑問中草草結束。

生活智慧

心有餘而力不足，也許可以被體諒。但是，感情生活中最大的遺憾，莫過於力有餘而心不足。每個人的心中，都有一座心靈能量的發電廠。依照個人心靈體質不同，擁有等級不同的能量。

人們總是需要不停的找尋，找尋到在心靈上可以旗鼓相當的人。因為有相當的能量，在相處時，才可以發展出加乘的效果。否則相互抵消能量，將會毀滅彼此。

我想，這應該比傳統的，所謂「門不當、戶不對」的門第觀念，更重要的多吧！

檢驗真心

有一個很窮的家庭，兒子從小出去打天下，剩下母女二人開一家小旅店勉強過活。有一天旅店來了一位看上去蠻有錢的人。鄉下旅店從來沒來過這種有錢的旅客，母女二人忽然起了歹念，在食物中下毒，想要搶奪他的財物。

旅客被毒死後，母親駭然發現，這個旅客就是從小出外打拼的兒子，她竟然親手害死了自己的兒子。

原來這個兒子在外地賺了錢，衣錦還鄉，想給他家人一個驚喜。因此回來的時候，暫時隱瞞著家人，打算給家人一個驚喜！

母女二人以為殺的是陌生人，卻萬萬沒想到，這個人竟是自己的親人。

有一位女士在海邊散步，她突然發現海上有一艘私人遊艇，情況似乎不是很好，便立刻和救難人員聯絡。

等救難人員將船成功地拖上岸，並安全的將船上所有人員救下來。這位女士才發現，原來自己的丈夫跟隨著朋友出海，就是在這艘遊艇上。

生活智慧

人世間最美麗的情節，莫過於對陌生人伸出友誼的雙手。

我們沒有一個人可以遺世獨立，當我們關懷著陌生人的時候，或許，也會迴向到自己身上。

有裂縫的瓦罐

家裡有一只盛水的瓦罐，用了十多年，父親一直捨不得扔掉。

一次，我倒開水，一不小心把瓦罐打在地上，瓦罐被摔出了一條長長的裂縫。我心想，這下子父親該把瓦罐扔掉了吧。可是，出乎意料之外的，父親並沒有這麼做，而只是把它好好地收起來，說以後也許能派上用場。

過了一段時間，父親在陽臺上養了很多盆花，其中有一盆花長得特別豔麗。我一看花盆，正是那只有裂縫的瓦罐。

父親見我疑惑不解的樣子，就說：「瓦罐有了裂縫，或許不能用來盛水；但不代表就沒有任何用處了。花盆裡的水積多時，水會順著裂縫自動地滲透出來，使花盆裡的水不至於太多，花的根部就不會潰爛。而花朵有了一個良好的生長環境，所以長出來的花也就更美了。」

生活智慧

生活中不幸摔破了罐子，就像是一次失誤、一次失足，千萬別因此喪志，只要用心珍惜，揚長避短，人生照樣可以像花開的一樣美麗。

善意的理解

一天，一位老先生搭計程車去參加他一位老朋友的葬禮。

車到殯儀館後，司機心想這裡不好叫車，怕他老人家回家不方便，於是便開口問他：「老先生，你還要回去嗎？」老先生笑了笑說：「我還沒活夠，當然還要回去享受享受。」

另外還有一個小故事：

有一個八歲的男童，每天下午四點放學時，他總是固定去一個路口攙扶一位老婆婆過馬路。但有趣的是，這個老婆婆一旦被攙扶過馬路，跟小男童道謝後，只要小男童走離視線，老婆婆又會再走回原來的路口。

原來，這個老婆婆每天站在那個路口，是在等他兒子開車來接她，她其實不是要過馬路。她只是不忍拒絕熱心的孩子，而等孩子「送」她過馬路以後，自己再走回原來的地方繼續等候。

這些有趣又令人難堪的事，是一種善意的舉動，因而也就能得到人們善意的理解。

要不然，像那位計程車司機，一定會被罵：「我不回去，難道你咒我死在這裡嗎？」老先生可以理解司機是出於好心，只是說話時欠考慮，省去了一些該說的詞語，進而會讓人產生一些誤會。因此，也就沒有必要在這裡同他爭吵。

而那位老婆婆，她其實可以在那個男童面前說：「孩子，我並不打算過馬路。」但她寧願自己多走這一趟，也不忍心去傷害孩子那純潔的熱情。

生活智慧

在我們的日常生活中，有的本來是好事，但因不明白對方的境況，或言語，或行動，也有讓人難堪的時候。

茫茫世界，人與人之間，能有所會面，就是一種緣分。有了這種緣分，人間也就有了溫暖。這種緣分，需要人人來維護，來愛惜。世界多一份愛，多一份真情，世界就多一份美麗！

有能者居之

小愛和阿布兩人同時受雇於一家超級市場，開始時大家都一樣，從最基層做起。可是不久後，小愛受到總經理的青睞，一再被提升，從基層員工到領班，再從領班直到部門經理。阿布卻像被人遺忘了一般，還是在最基層混。

終於有一天阿布忍無可忍，向總經理提出辭呈，並痛斥總經理狗眼看人低，辛勤工作的人不提拔，倒提升那些逢迎拍馬的人。

總經理耐心地聽著。他瞭解這個小夥子，工作肯吃苦，但，總是覺得他缺少了點什麼，缺什麼呢？三言兩語說不清楚，說清楚了他也不服，看來得想個辦法讓他瞭解！他忽然有了個主意。

「阿布，」總經理說：「你現在馬上到市集去，看看今天有賣什麼。」

阿布很快從市集回來，劈頭就說：「剛才市集上只有一個農民拉了一車番薯在賣。」

「一車大約有多少袋，多少斤？」總經理問。

阿布又跑去詢問，回來說有十袋。

「價格多少呢？」阿布正打算再次出門時。

總經理望著跑得氣喘吁吁的阿布說：「你休息一會兒吧，你可以看看小愛是怎麼做的。」

說完便請小愛進來，並吩咐他說：「小愛，妳馬上到市集上去，看看今天有賣什麼。」

小愛很快從市集回來了，向總經理匯報說：「到現在為止只有一個農民在市集賣番薯，共有十袋，價格適中，品質也很好，我帶回幾個讓總經理看。

這位農民明天還會弄幾箱紅柿上市，據我看價格還公道，也可以進一些貨。我看這個農民蠻誠懇的，出的價格也很公道，我想總經理應該有興趣跟他談談以後進貨的事，我已經把那位農民帶來了，他現在正在外面等呢。」

總經理看了一眼紅了臉的阿布，說：「現在你明白為什麼是小愛受到提拔了吧？」

生活智慧

只有眼光既遠又廣的人才能在人生路上揚眉吐氣。

只有那些聰明人才會對自己有一個全面認識，並且學會揚長避短。成功只傾向那些聰明的頭腦，如果我們只做事而不去思考，我們付出再多的努力都是枉然。

人性的弱點

兩個外地人乘車來到一個純樸的小鎮，他們找了一家旅館投宿。老闆照例要問他們姓名、職業、要在這住多久。

這兩個外地人小聲地說：「我們是醫生。大約要在這兒住四個星期。但請您不要將這件事告訴任何人，因為我們要在這裡做一個試驗，我們需要安靜。」

好奇的老闆問：「你們究竟要做什麼試驗？」

「我們之前的實驗，可以成功地讓死人重新活過來。現在我們要在這裡，在另一種條件下重做。證明我們的理論是正確的。」

老闆覺得太好笑了，死人怎麼可能死而復活?他便偷偷地告訴鄰居。

這件事很快的就傳開來。開始鎮民對此只是一笑置之；但這兩個外地人的行動卻漸漸引起當地人注意了。

他倆經常到公墓去，在一些墳墓前停留許久，其中包括一個富商年輕妻子的墓。他們向鎮民詢問有關這位年輕太太的和其他葬於此公墓的死人的情況。整個小鎮漸漸地籠罩於一種奇異的不安之中。

首先是那個富商，他漸漸相信這種神奇的試驗會成功。他與鎮裡的醫生密談，鎮裡的醫生漸漸動搖了，不禁也懷疑，是不是真有重大突破了？

三個星期的時間就快要過去了，大家隱隱感到有什麼事要發生了。

第三個星期的周末，這兩個外地人收到了富商的一封信。心中內容是：「我曾有過一個像天使一般的妻子，但她重病纏身。我很愛她，也正因為如此，我不希望她重返病體。你們別擾亂她的安寧吧！」信封裡放了一大筆註明是作為謝禮的錢。

在第一封信之後，其他的信接踵而來。

一個侄子繼承了他叔叔的大筆遺產，很擔心死去了的叔叔會再復活；一個在其丈夫死後又重新改嫁了的女人寫道：「我的丈夫很老了，他不想再活了。他已得到了他的安寧。」……這些信的信封裡也都放著一筆金錢。

兩個外地人對此不發一言，夜裡繼續著他們的公墓之行。

這時，小鎮的鎮長也進行干預了。他當鎮長才不久，而且很想長期當下去，他可不願再面對死去的前任鎮長。他也給了這兩個外地人一封信，信內並提供了一筆錢。

「我們的條件是，」鎮長寫道：「你們不要再繼續試驗下去了。我們相信你們能將死人弄活，還可以給你們一份證明。我們這裡不想要奇蹟，你們立刻離開這裡吧！」

這兩個外地人拿了鉅款和證明，收拾起行裝，離開了這小鎮。

「試驗」成功了。

生活智慧

許多人對於明顯可笑荒謬的事，卻因為自己某些情感或其他的困擾而確定無疑地堅信這些荒謬的存在。

每個人心中都有自己的祕密，有些人心中更是藏有不可告人的祕密。有人就會利用這種祕密來達到自己的目的。

因此，在我們生活中，不要有太多各種各樣的私欲，以免被人抓住把柄。

慾望惡魔

小銘平時很好動，總是坐不住！有一天，他突然想要向媽媽要一輛新的腳踏車，他一直懇求他的媽媽。

媽媽心想，應該讓小銘自己省思自己平時的表現，判斷是不是應該得到這個獎賞。於是她跟小銘說：「寶貝，現在可不是聖誕節，我們家也不是非常有錢，讓你想買什麼就買什麼。這樣吧，你為什麼不寫封信給上帝，向祂祈禱，祈求祂送你一輛腳踏車呢？」

小銘發脾氣也沒有用，被媽媽送回了房間，最後還是得乖乖坐下來寫信給上帝。

他寫道：

親愛的上帝：今年我一直是個好孩子，希望你可以送我一輛腳踏車當作獎勵！

您的朋友小銘

小銘寫完一想，上帝一定知道自己是個不折不扣的小壞蛋，於是趕緊把信撕掉重寫。

他再寫道：

親愛的上帝：

今年我一直是個表現還不錯的孩子，我想要一輛新的腳踏車。

真誠的小銘

小銘想一想，這還是不誠實，他又撕掉重寫。

他再次寫道：

親愛的上帝：

今年我一直想做個好孩子，我可以得到一輛新的腳踏車嗎？

小銘

寫完後小銘捫心自問，知道自己一直表現很差，上帝一定不會給他禮物。於是他沮喪地把信扔進垃圾桶，一溜煙走出家門，準備到教堂去——他想那兒離上帝應該近一些。他打算直接在上帝面前懺悔。

當小銘走進教堂跪下，正在考慮該如何檢討自己時，眼光忽然落在聖母瑪利亞的塑像上。

他一轉念，便跳起來抓起塑像就跑了。

小銘一口氣跑回家，就將塑像藏在床底下，開始給上帝寫信。

親愛的上帝：

你媽媽現在我的手裡，如果想見她的話，就拿一輛新的自行車來交換。

你知道我是誰

生活智慧

慾望是一個惡魔，它會破壞一個純潔的心靈、摧毀美麗的世界。萬能的上帝做夢也不會想到一個小孩會以這樣的手段來向他索要禮物。

充斥著暴力的螢光幕，給人帶來娛樂的同時，還有哪些潛移默化的影響呢？這不得不讓我們深思，我們現在的教育制度是否成功？這裡有太多的東西值得我們反思。

誠信的重要

有個人在一家音響專賣店內買了一台隨身聽，當時店員十分熱心地向她推銷，強調這是「貨真價實」，打折後又附贈許多東西，引得她怦然心動，以二仟四佰元成交。

沒多久，她在報上看到同款隨身聽的廣告，竟然硬生生比她買的價格少了四佰元，這使她覺得被騙了。

更氣人的是，她的同學上課拿了一部同機型的隨身聽來錄音；一問價錢，卻只有一仟四佰元。

雖然沒有一些小禮物附贈，但怎麼加也加不到兩仟多元。

她氣壞了，因此，現在她逢人就數說那家專賣店的不是，發誓從此不再踏進去一步，當然也勸別人不要重蹈她的覆轍再去上當受騙。

生活智慧

從這個例子可看出，那位店員確實是在熱心地推銷他店裡的商品，但他所抬高的價錢，卻非「誠意」使然。所以，他賠上了與顧客之間的信用與交情。

不僅僅是商家，我們每個人都應講「誠信」兩字，誠是對人的態度，信是做事的態度，態度正確，方法才正確，效果也就好。否則，就會不斷失去別人對你的信任和支持，最後，無論做什麼事都得失敗。

摒除自我的感覺

年輕的女孩和母親訴苦：「為什麼我和那個男孩子在一起時，總會笨拙的像個笨蛋呢？」母親疑惑地問她：「發生了什麼事呢？妳說說看是什麼事情讓妳這樣認為。」

女孩說道：「我只是希望讓人對我有好印象，所以就花一些時間打扮，然後穿上最漂亮的衣服。我事前仔細地想了一下應該說什麼，而且也計畫了我們可以做哪些事，原本以為這一切都會很順利地進行，結果被我自己搞砸了。

其實我以前參加一些男女相處的活動，和其他人相處時，都能表現得怡然自在，而且幾乎可以和人無話不談。沒想到這次和那個男孩在一起時，我越努力想表現好一點，反而越讓他覺得我像個沒頭沒腦的人。

我想找話題跟他聊，可是總會把話卡在喉嚨裡說不出來，或是腦海一片空白，結果只能痛苦不堪的默默聽他說，活像個蠢蛋。

是不是我不要去在乎別人怎麼想，或是不管別人對我的印象如何，反而會有得體的表現。真是太奇怪了，我想努力做到最好，怎麼反而造成反效果？

究竟是什麼原因，造成我如此疑惑與痛苦呢？以前，我不必特別去關心那些和我在活動裡認識的人，我一樣可以和他們相處得不錯。遇到這個男孩子時，是第一個讓我有感覺，而且會怦然心動的對象。卻沒想到，每次和他在一起的時候，我就像個呆子似的，我到底該怎麼辦？」

母親微笑地聽著女兒說完說：「在我成長的過程中，也曾經遇到妳這種情形。我總是想自己該怎麼做、怎麼與人互動？我越想壓抑，越是無法將自己拋開。後來我發現，其實這個方法是錯的；因為，如果一直對自己念著：『我不能只想自己、我不能只想自己、我不能只想自己……』時，結果反而適得其反。

這是一種奇妙的心理作用，會教人更陷入自我的框框中。妳絕對不能用這種方式，勉強自己去逃避一件事。放開自己的最好方法，就是將興趣轉移到別的事情上。後來經過朋友的教導，我得到一個很有效的方法。」

母親繼續說道：「妳和對方在一起時，心裡只存著對方，不要有自己。專心去研究他的興趣、嗜好，而且設法鼓勵他多說話。為了探尋他的愛好，妳在研究他的過程裡，就會不自覺地將自己忘記。盤據我們心中的，一定是我們最關心的事，妳現在遇到的狀

況就是關心自己的表現比關心那個男孩多一些。盡可能將注意力轉移到那男孩身上，那妳對於自己的關心度就會明顯減少。」

女孩開始採用母親的建議，幾天後，終於見到她臉上帶著開心無比的笑容。她對母親說：「妳教我的方法真是有用，雖然一開始時，我還不太能進入狀況，後來，我就強迫自己專心去注意他關心什麼和他喜歡什麼，終於讓他發現我是真的對他有興趣，然後我們就很自然地談起來，我可以確定他也很開心。」

生活智慧

許多人容易陷入自我的感覺，而衍生出無法與人相處的痛苦。其實，暫時不去想自己，才能解決自我中心的困境，找到在自身之外更引自己興趣的事，才能徹底解決這種狀況。

人際關係的第一課，是把自己放兩邊，別人擺中間，心中容得下別人，才有自己的天地。許多人總是學不會暫時摒除自我的感覺，又努力想克制，結果適得其反。主動對他人產生興趣，自我中心會輕易退去。

謙恭而不驕

美國的南北戰爭經過了長時間的激烈苦戰之後，南方的軍隊終於潰敗，勝利歸於北軍的格蘭特將軍，南軍的李將軍必須和他簽下投降書。

對於格蘭特將軍而言，勝利得來不易，他大可以在此場合鳴奏凱歌，藉勝利來誇耀其戰功，這是他的機會，也是他的權利，換作任何平常人，應該都會這樣做。

結果，當時的情形是，南軍的代表李將軍穿戴完整全新的軍服，腰間佩著名貴的軍刀，格蘭特將軍則是穿著戰時一直穿著的普通陸軍中將服裝，他那副寒酸模樣，與李將軍六呎身軀的昂藏英姿對比起來相當有趣。

這是源自於格蘭特將軍對於勝利始終抱持謙恭的態度，他果然不是一個泛泛之輩，身為一個真正的大人物，他謙恭而不驕傲。

就一個勝利者而言，他的成就已經夠引人注意的了，這個情形下，他應該格外謙恭，這會使他的成就自然而然突顯出來。

真正值得人稱讚時，自大的表現反而顯得淺薄而沒必要；如果對自己的成就心存疑問，而試圖吹牛誇耀，隨便誰看了都會覺得可笑。

而從另一個角度來看，戰敗的李將軍在簽投降書時，穿著十分隆重的軍服，也不是表示不謙恭。因為他所處的地位完全不同，身為一個戰敗者，心中當然羞辱不堪。他穿著隆重完整的軍服，是表示雖然他戰敗了，還是可以抬頭挺胸面對一切。

他以難得的豁達而勇敢的態度接受失敗的事實，這正合乎他那偉人風範。李將軍和格蘭特將軍這兩位美國歷史上的名將，個性一樣謙卑，只是因緣際會的關係讓李將軍必須扮演失敗者的角色而已。

謙卑，是信心十足的人常有的表現，而像自吹自擂、誇大自負等可笑的舉止，則是無法成功或完全失敗者的掩飾行為。

氣度非凡的格蘭特將軍，對於手下敗將李將軍毫無蔑視之意，也不因為戰勝而沾沾自喜。他始終相信，戰爭的勝利，除了要憑藉個人的實力之外，也有其它因素。

曾經有人在重要場合讚揚格蘭特將軍時，他回答說：「勝利其實是許多巧合的機緣所造就的。當時的維吉尼亞州氣候十分惡劣，李將軍的軍隊，因而陷在泥沼之中動彈不得；而我軍這邊的天氣則好極了，路面平坦，軍隊行動自如。如果再過兩天，天氣就又大變，那時候我們也會動彈不得。所以，全靠老天爺幫忙。」

他這番話聽來，似乎是天氣幫了他很大的忙，讓他有機可乘，這也說明一點，他為人並不誇張，不會把天氣及其他外在因素攬為自己的功勞。

曾有人說過：「那些喜歡別人奉承者，就是那些想出人頭地，但又不知道是否真有實力者。」

對於別人的稱讚，最好不要輕易接受。把自己評估得太高，是一種白負的心態，這種心態會使你離成功越來越遠。

最近常聽人說一句話：「成功不必在我」，我們千萬不要以為一切成功都是靠自己的力量，因為實際上幾乎不可能；下次若有同樣的狀況再發生，你會發現單打獨鬥竟然無法成功。

如果你有某一方面特別喜歡別人來稱讚，請小心，那就是你的弱點所在，要特別留意改進。

生活智慧

在勝負已定之後，贏家把勝利的戰果默默接受，尊嚴則全部留給戰敗者，這是多麼高明的戰場哲學呀！

有一點成就時，便想把頭抬得老高自以為是，那就離失敗不遠了。

人外有人，天外有天

美國知名的政治人物，同時也是了不起的科學家富蘭克林，年輕時因為過於自負的態度，很讓人看不順眼。某日，一位教會的朋友把他叫到一旁，對他說道：

「富蘭克林，你不能總是這樣。每次只要有人和你的意見不和，你總是一付強硬又剛愎自用的態度，以致於別人都懶得和你說話。你的朋友們甚至都覺得，你不在場的時候，大家會覺得比較自在。因為你那看似無所不知的神氣模樣，讓別人感到無話可說。到後來，大家都不想和你有交集，因為他們知道，說再多都是浪費氣力，最後還是不愉快收場。如果你一直這樣不改，你將無法再增長什麼智識，最後你所學所得就會變得十分淺薄。」

富蘭克林聽了這番話之後，羞愧得無話可說，過了好一陣子才吞吞吐吐地說：「我實在感到很慚愧，不知該如何是好？」

對方告訴他：「那麼，你第一個要做的事情，就是改變你那愚蠢的自以為是。」

這句話重重的敲醒了富蘭克林，他拋開了一切驕傲的心情，開始學習自我反省。後來，富蘭克林果然從一個驕傲自負的人，搖身一變成為一個傑出人物，受到許多人愛戴，為當時的人們完成了不少重大建設，對於後代子孫也有很深遠的影響。

你將來要成為怎麼樣的人，比你曾經是怎麼樣的人重要得多。他人之所以會聽你講述過去的豐功偉業，也許是源自於同情心，或是想藉此得到一些經驗。如果不是為此，他們根本對你在做什麼事毫無興趣。一味地談論著自己過去的成就，有時不但令人覺得無味，甚至會很反感。說實在的，為你的人際關係著想，好漢少提當年勇。沒有人會對傲慢的傢伙表示善意，你也不要以為能力強就要別人服氣。

改造自己，不是一件難事。任何自負的人，都應該做一番自我改造。要看清楚，謙卑是想要有所成就者應具備的特質，吹牛誇大只會阻礙進步。

近朱者赤，近墨者黑

有個人想種花，去買了種子後，卻一時找不到泥土可以種。於是向在鄉下種植花卉的朋友，要了一抔土。

這個人將土帶回家後，發現這堆泥土散發出芬芳的香氣，沒一會兒的時間，他家竟香氣滿室。

他好奇地打電話問朋友：「這是從哪來的珍寶？還是你發明的一種稀有香料？」

朋友在電話那端說：「都不是，那只是一把普通的泥土而已。」

他又問：「那土散發著濃郁的香味，怎麼那麼奇怪呢？」

朋友聽了後，笑笑說：「那只是一把曾在玫瑰園，和玫瑰相處了很長一段時間的普通泥土。」

生活智慧

荀子．勸學：「蓬生麻中，不扶而直；白沙在涅，與之俱黑。」這是形容受外界的影響；和什麼樣的人相處，久而久之，就會有相同的行為舉止。

讓我們可以靠近玫瑰味的泥土，吸收它的芬芳；更自我期勉，能夠成為可以帶給別人香味的玫瑰。

巨大的財富

有位青年時常發牢騷，抱怨老天對他不公平。

一位老人問：「你具有如此豐富的財富，為什麼還發牢騷？」

「哪有？我的財富到底在哪裡？」青年人急切地說。

「如果你能給我，你的一雙眼睛，我就可以把你想得到的東西都給你。」

「不，我不能失去眼睛。」青年人回答。

「好，那麼，要你的一雙手吧！為此，我用一袋黃金作補償。」

「不！雙手也不能失去。」

「既有一雙眼睛，你就可以學習；一雙手，你就可以勞動。你看，你有多麼豐富的財富啊！」老人微笑著說。

生活智慧

人們總是對沒有得到的東西念念不忘，總是對已經存在的事情熟視無睹。

我們每個人都擁有著一筆巨大的財富，只不過有的人善於利用，並把他變成了實實在在的資本，有的人卻不知從何下手，端著金碗討飯罷了。

真誠的關懷

看過電影「麻雀變鳳凰」的人，都能體會李察吉爾飾演的大公司老闆心中的孤寂，畢竟高處不勝寒，尤其當圍繞在他身邊的盡是些別有用心的人時，他的處境，和那些地位卑微的人比較起來，更須要來自他人的真心對待。只要一點真誠的關懷，就能使他感動久久。

其實不要說是大公司的老闆了，在人與人越來越疏離的現代社會，關懷真是越來越少了。在某個冬天的寒夜裡，有個流浪漢瑟縮在一間大廟的門口睡覺。不知睡了多久，忽然有人來抓住他的領子，將他從門口提起來。

流浪漢慌張的張開眼睛，他看到的是廟裡的管理員，他心想，一定是要將他趕走的。他哀求對方放過他，但管理員沒有說什麼，只是要他隨他進廟裡。進去後，管理員先倒杯熱茶給他，然後又騰出了一個小空間給他睡。

隔日早上，流浪漢醒來，管理員給了他一點錢，並對他說：「我看你還年輕，去找

個工作做吧！」

流浪漢很清楚，昨天夜裡如果不是管理員把他拖進來，恐怕他早已凍死在外面了。流浪漢很感動，決定好好的去找一個工作。

之後，他一直有與這名管理員聯絡。後來聽說管理員病重，他急急忙忙的趕來照顧他。他想起管理員當年曾經救了他一命，他非常感激管理員，並祈求管理員能盡快好起來。

生活智慧

不管一個人的身分地位多麼崇高，都須要別人的關心，也要學著去關心別人。

誰都不希望孤獨地活著，多接近他人，對於他人的喜好、夢想、恐懼的事都設法瞭解，而且不是敷衍了事，你往往能在這個過程中發現另一個自己。

關懷，就要讓感覺敏銳，要注意自己是否正令別人開心，或是惹人討厭。別以為你隨便怠慢，別人依然客氣待你，也許他們已產生反感的壞印象，只是暫時將不好的感覺隱藏起來而已。沒有必要自認為高高在上，關心他人是贏得友誼的捷徑。人的可愛在於懂得去關心別人，多結交朋友，可以從交友中學會如何去關心。

另一半的優點

有一位剛結婚不久的女子，她總是回到娘家跟父母訴說丈夫的不是。

父親有一次忍不住問她：「妳自己選的丈夫，難道他沒有任何優點嗎？」

女兒忿忿的說：「婚前婚後，他就像變了一個人。」

父親隨即拿出一張白紙，在上面畫了一個點，然後拿著紙問女兒：「妳看上面是什麼？」

女兒不假思索地說：「黑點。」

父親再問，女兒又說：「就是黑點啊。」

父親說道：「難道除了黑點，妳就看不到這一大張白紙嗎？」

女兒聽了若有所思，然後留著淚感謝他的父親。

從此以後，她沒有在父母的面前再數落過自己丈夫；夫妻倆的感情也比以前改善許多。

其實，人無完人，人非聖賢，孰能無過？明白了這一點，我們不妨改變一下自己的認知，事物都有正反兩方面。如果你只注意黑點，那麼你眼中就是一個黑色的世界。如果你注意的是白紙，那你就有一個潔白、寧靜的心境。

很多人卻忽略了這些；他只放大了缺點，卻漠視了優點。

愛如白紙，我們注意的應該是整張的白紙，而不是上面的一點黑點。夫妻之間是這樣，同事、朋友之間也該是如此。

天性

一個人在草原上撿到一隻幼小的獅子，他覺得小獅子很可憐，便抱回家餵養。他對小獅子的照顧無微不至，給牠餵以精美的食物，為牠梳毛，為牠洗澡。獅子對他也親密無間，趴在他的肩膀、舔他的手腳、陪他散步、和他戲耍。獅子在他的懷中漸漸長大，長成一隻威猛的雄獅，也溫順的如一條家犬。

有一天他忽發奇想：騎著獅子去旅遊。於是他騎上了獅子，踏上了旅程。一路上獅子很聽話，平穩地騎著牠，所到之處人們對他夾道喝彩，他更神氣了。

路上有人問他：「獅子不會吃了你嗎？」

他說：「那怎麼可能呢！」

路上有條狗問獅子：「你怎麼不吃他？」

獅子說：「那怎麼可能呢！」

一天他們要穿過一片沙漠，路上遇到了風沙，水和食物都被捲走了。他在痛心之時也還去安慰獅子：「朋友忍著點，等過了沙漠，我們就能飽吃一頓。」並且跳下來與獅子一起步行。

一天過去了，獅子餓得圍著他打轉；兩天過去了，獅子餓得舔他的手腳；三天過去了，獅子開始對他輕輕的撕咬；四天過去了，獅子向他齜起了牙齒；第五天，饑餓的獅子向他瞪起了血紅的眼睛。

在他正要上前撫摸牠、安慰牠時，獅子奮力一縱地將他撲倒，瞬間把他撕成碎片。

至死他都不明白，獅子怎麼會吃了他呢？

生活智慧

世間的友誼，有些是建立在飽暖基礎上的，吃飽穿暖了就是親密無間的朋友，生死存亡的時候便會露出兇殘的本質。

因此，被你視為親密無間的朋友，有時常常能給你致命的一擊。

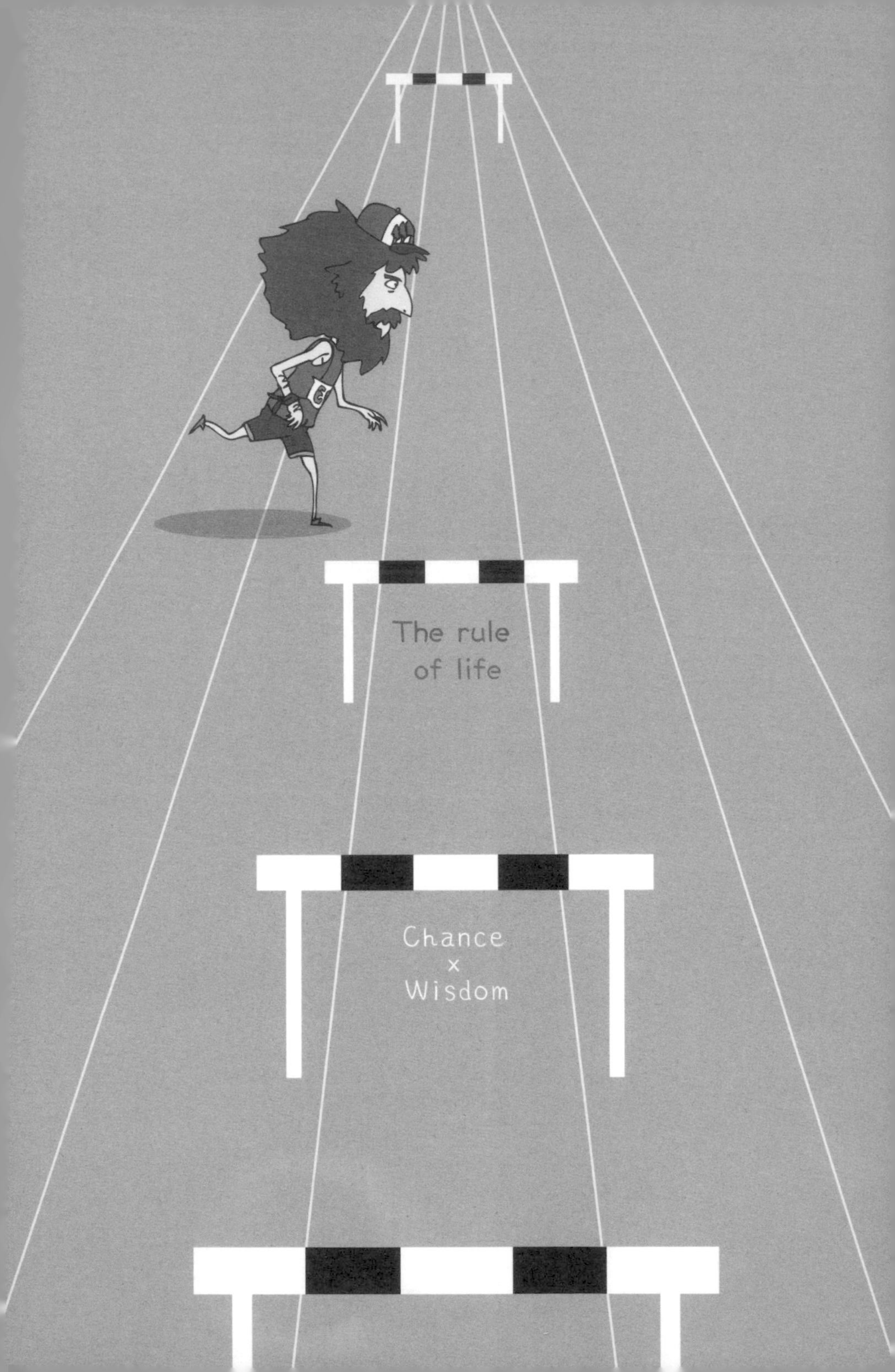
The rule of life
Chance
×
Wisdom

Part 3

踏實的生活態度

面對困難不必怨天尤人，因為這對解決問題毫無益處。要解決它的辦法就是勇敢地面對，從你每次正視自己的經驗中，你就會得到智慧、勇氣以及信心。

浴泥的金佛

一九五七年，泰國政府決定在曼谷市內興建高速公路，位於路段上的某間寺廟因此被迫遷移，寺內的和尚只得將廟中的佛像放置到其他地點。其中有一座佛像體積龐大、重量驚人，在搬運的過程中不慎撞出了一條裂縫。

此時天空下起滂沱大雨，和尚們為了不讓神聖的佛像再受到損害，便決定暫時將佛像留在原地，並先用大型的帆布覆蓋，以免遭受雨水的破壞。

到了晚上，一位老和尚唯恐佛像毀損，便拿著手電筒，掀開帆布檢查，看看佛像有沒有被雨水淋濕。當燈光照到裂縫處時，他突然發現裂縫中反射回一道奇異的光芒，老和尚趨前仔細檢查，懷疑這層土塊下藏有別的東西。

他回廟中取來了鑿子和榔頭，小心翼翼地開始敲打佛像表面。費了一番苦功，終於讓這座純金打造的佛像重見天日。

根據考證：明清時期，暹羅（即今時泰國）與緬甸是世仇，當時緬甸出兵攻打暹

羅，暹羅和尚唯恐神佛遭褻瀆、掠奪，便在黃金佛像表面上覆蓋泥土，以防緬甸軍隊的覬覦；後來入侵的敵軍殺光了寺廟的和尚，而這個祕密也被塵封起來。直到百多年後的因緣際會，這個價值連城的佛像，終於被後人再次發掘。

生活智慧

其實我們好比那座泥佛像，由於世俗的煩擾、恐懼，漸漸裹上層層厚重的外殼；然而在我們的心底深處，都有一尊純真的「金菩薩」，那才是真的自我。

從小，我們總是習慣將內心中那個如黃金般純真的自我隱藏起來；而我們現在該做的，便是拿把鑿子和榔頭，將世俗的層層防衛敲掉，重新展現純真的本質。

聖人尚有蒙難的時候，何況我們只是凡夫俗子；當生活對待我們嚴厲而苛刻時，許多人選擇退縮，讓自己的心靈籠罩上灰塵。

一時的退縮，或許是沉潛；但長期埋藏自己，不但不明智，更是毀滅自我。

內心的神力

印度流傳著一則民間傳說：

很久以前，人類也擁有神力，但人們不知道珍惜而加以濫用，結果惹怒了地位最崇高的造物主。造物主決定剝奪人們所擁有的神力，並將神力藏在一個絕不會被人們發現的地方。

這下造物主傷透了腦筋，祂召集眾神商議，究竟要將神力隱藏到哪裡，才不會被人類找回來呢？

有的神仙建議將它藏在最高的山頂。但造物主否定了這個提議：「再高的山峰也擋不住人類取回神力的決心。」

有的神仙又提出將神力藏到海洋深處。造物主仍然不同意，因為祂認為人們遲早都會搜遍海底的每一個角落，並將神力帶回陸地上。

還有的神仙提議將神力藏到地下的深處，但這些建議都被否決了。

最後造物主想到了一個地方，並得到在場眾神的一致同意。

祂們將神力隱藏在人的內心深處。祂們知道，人們窮極一生之精力，都將探索不到內心深處。

生活智慧

面對困難我們不必怨天尤人，因為這對解決問題毫無益處。明智的做法是多從自身挖掘潛力，調動自己的全部能力，並要相信事在人為。

學習傾聽

在美國內戰最緊張的時候，林肯度過了一段極為低潮的時期。在他心情不好的時候，他想找一位朋友來談心，於是寫信給一位老朋友，請他到華盛頓來商討一些問題。

這位老朋友到白宮來找他，林肯感到非常高興。林肯興致一來，竟然與朋友談了數小時關於解放黑奴的問題。

幾個小時以後，林肯與他的老朋友握手互道晚安，送他回去。在整個談話過程中，林肯並沒有徵求老朋友的意見，所有的話都是林肯在說，而他的老朋友則沒說什麼，只是一直在傾聽，陪著林肯度過了那麼長的時間，好像只是為了使林肯心情舒暢而來的。

後來，這位老朋友對林肯說：「談話之後，你似乎稍感安適。你當時並未要求我提出建議，所以我只能充當一位友善的、同情的傾聽者，使你得以發洩苦悶，而事實證明，我的做法是正確的。」林肯對此非常感激，以後他們之間的友誼更加深厚了。

生活智慧

每一個人都喜歡講述自己的事情，希望找到一位忠實的聽眾。在社會交往中，學會聽別人講話，和自己講話一樣重要。如果你想做一個受人歡迎的人，那麼先不妨從做一個善於傾聽別人談話的人開始。

「傾聽」對於一個需要傾訴的人來說，是非常重要的。在一個具有魅力的人身上，傾聽也是一種智慧。

禮輕情義重

經濟大蕭條時期，日本的許多中小企業紛紛破產，關門大吉。有一家醬菜店也受到了很大的衝擊，老闆仍慘澹經營，舉步維艱。

老闆不甘心就這樣倒閉，他一直思考，怎樣才能吸引購買力降低而又日益挑剔的顧客？經過一番苦思，他想到一個方法。

老闆命人去蘋果產地預購一批蘋果，在成熟以前用標籤紙貼在蘋果上，當蘋果完全變紅之後，揭下標籤紙，蘋果上就留下了一片空白。老闆就在這蘋果身上大做文章。

很快地，當周圍幾家醬菜店終於無力支撐而倒閉之後，這家醬菜店的生意不僅沒有變差，反而顧客盈門，而且還擴大了生產。這一切令許多人百思而不得其解。

原來，這家醬菜店老闆從客戶名錄中挑選出訂貨數量比較大的客戶，然後把他們的名字用油性筆寫在透明的標籤紙上，再請人一一貼在蘋果的空白處，然後隨客戶訂貨順便送出給客戶。收到蘋果的客戶不禁感到驚訝，並且深受感動。因為客戶認為，這家商店真正把他們奉為上賓，並且放在心間。

送給每個客戶一、兩個本地產的蘋果，實際上花不了多少錢。但顧客接到這份禮物都深受感動，也因為這一、兩個頗富人情味的蘋果，使客戶深刻地記住了這家店。每當需要訂貨時，就會不由自主地想起這家店，進而向他們訂貨。

千萬不要小看這一、兩個小小的溫情蘋果，它代表一種關懷和溫暖，更是智慧和才華的體現。如果客戶買上一箱醬菜而額外贈送他一箱醬菜，那麼這個老闆只是一般的商人；如果客戶買上一箱醬菜而額外贈送他一個蘋果，那麼這個老闆就是一個人才；但如果額外贈送的蘋果的空白處寫有客戶的名字，那麼這位老闆就是一個天才。

生活智慧

有時候，我們和天才的差距就展現在這一點點的細微之處，而天才的智慧往往也就表現在這些平常為我們所疏忽的小細節上。

信任

出光佐三是神戶高等商業學校的畢業生，畢業後立刻在一家個人經營的小商店裡當學徒，雖然工作很忙碌，但他毫無怨言地忙進忙出。

第二年，出光佐三的父親所經營的事業一敗塗地，全家人束手無策。這時候突然出現一位貴人，那就是住在酒井商店附近的日田重太郎。他十分欣賞出光佐三的為人，毅然出售了京都的一處別墅，將所得全部交給出光佐三。

日田重太郎用一種相信的口氣對他說：「這些錢你拿去用吧，我看得出你的真誠和毅力，錢也不必還給我。」

出光佐三在日田重太郎的鼓勵下，萌發了強烈的創業的慾望，他為了不辜負日田重太郎對他的信任，他利用這筆資本創建「出光商會」，開始出售石油製品。後來又成立了出光興產公司。

第二次世界大戰後，他的公司發展為日本最大的民間石油公司。

人在被人信任、感受到平等與尊重的時候，能夠進而發出一種神奇的力量，這種力量是對友誼、信任的回報，這就是愛的力量。

撈魚的啟示

有位老友打電話給我，說他的工作似乎即將不保，言語中充滿了怨懟與哀傷。由於年歲漸增，整體環境不好，公司隨時都有倒閉的危機，所以致使他不敢交女朋友、不敢結婚，且常有換工作的念頭。但是受限於年紀及學歷，加上懷疑報上所登工作非自己才能所能及、或是詐騙居多，於是常止於瀏覽，卻總裹足不前。

這讓我想到我找工作的時候，我閒賦在家待了近半年才找到工作。那段時間，只要看到報上稍與自己所學有關的工作，均放手一寄。也不管有沒有此項工作經驗，我相信以自己的所學背景，以及認真學習的態度，倘有幸獲用，將會全力以赴，因此曾在一星期內寄了二十多封履歷表，也因此獲得了較多面試及選擇的機會。

小時候常與朋友到河邊撈魚，那時我的觀念是要找比較大的魚去撈，但往往功虧一簣。而朋友總是在魚群中猛撈，結果半天下來，我一條魚也沒撈著，朋友卻能滿載而歸。這在爾後的生活中，給了我許多啟示。

生活智慧

機會來自四面八方，但需要自己去創造，它不會憑空而降，試著讓自己去拓展更寬廣的領域。反之若仍舊堅持著自我的執著，往往會失去許多機會，讓自己逐漸進入困頓之中，這就好像放棄成群的魚兒，只把某一條大魚當成唯一的目標。

敬茶聯

宋朝著名文人蘇軾有一日外出遊覽，晚來遇雨，蘇軾便進入一座道觀躲雨。

主事老道見蘇軾衣著簡樸，便冷淡地指了指椅子說：「坐！」然後又對小道童喊道：「茶！」

蘇東坡坐下，和主事老道閒聊，從談話中，老道發覺來客頗有才華，絕非等閒之輩，就把他引至大殿，客氣地說：「請坐！」又對道童叫道：「敬茶！」

兩人聊了一會兒，老道越發感到來客知識淵博，才華橫溢，不禁問起客人的姓名。當他得知此人就是名揚四海的蘇東坡時，連忙站起作揖，把客人讓進客廳，恭恭敬敬地說：「請上座！」又對道童叫道：「敬香茶！」

蘇軾告別時，老道懇求他寫字留念。

蘇軾一笑，揮筆題了一副對聯：「坐請坐請上坐；茶敬茶敬香茶。」老道看罷，面紅耳赤。

生活智慧

不要受辱罵你的人的情緒與脾氣所影響。
當一個有智慧的人遇到不公平的待遇時，真正智者的態度是忍他、讓他。

良好人生

有一位同事美麗而又文靜，說話速度總是慢慢的，音量總是小小的，但很能說到人的心底裡去。

她的業績說不上傲人，但也無可挑剔；她嫁給了一個相愛的平凡人，日子過得平淡；她不要求孩子學這學那，假日一家三口就去遊玩；她每天都要午睡，每天都做健美操，生活很有規律；她從不嫉妒榮譽加身的同事，也從不鄙薄偶犯錯誤的同事，只對勢利小人冷眼旁觀，卻也不惱。她心明如鏡絕頂聰明，與周圍一些拼盡全力，卻活得不盡如意的人相比，我總覺得她的人生本來還可以更為精采，而她沒有去做。

有一個非常難得的機會我們兩兩相對，她說起她父親的一句話奠定了她的人生。

讀國中時的她體質非常弱，任何體育活動都沒法參加，但又非常爭勝好強，偶爾有一門功課得不到第一就會難過自責。父親跟他說：「以妳的條件，妳不必追求優秀，但妳可以做到良好。」從此之後，她比較能輕鬆地面對她的課業，並將每門功課都保持了水準以上，同時她的體質也漸漸恢復到良好的狀態。

高中畢業時，她給自己的目標只是考上一所一般大學即可；在沒有壓力的清況下，反而發揮良好得到好成績，她輕鬆地考取前三志願的大學。

畢業後，她的專業能力極受重視，許多大企業紛紛高薪要聘請她，她卻選擇了一家名不見經傳的小公司待著；因為，她希望能離父母近一點，好相互照料。

她娓娓講述著這些，就如她不急不躁地構築她良好的人生。

生活智慧

優秀人生的境界實在至高。當一個人的事業、愛情、品行、心境乃至體格都良好時，誰說那人的人生不夠優秀？

真理的力量

勝華與銘志是好朋友，兩人合作開公司從事進出口生意，賺了不少錢。

有一天，勝華發覺銀行戶口的帳目不對勁；一大筆應收款項不但沒有存進去，存在戶頭的錢反而全部被領走了。他在驚訝之餘，急忙尋找銘志，但銘志卻無故失蹤了。

正當他感到奇怪的時候，銘志的妻子偕同警察，控告勝華殺害銘志。這樁謀殺案經過長期審判，因為一直找不到銘志屍體，所以無法判勝華死罪，最後則判刑二十年。

勝華服刑二十年後，終於被放出來。

他出獄後，用盡一切辦法尋找銘志。終於，皇天不負苦心人，終於讓他找到了銘志，原來銘志一直躲在國外。銘志當年失蹤，其實是帶著情人捲款潛逃，他背叛事業上的合夥人，又趁機甩掉不肯離婚的妻子，與他的情人在國外重新展開生活，即使他從報上得知勝華含冤入獄，他也悶不吭聲，不願出面澄清一切。

勝華找到銘志後，花了一番功夫終於將銘志帶回國內，並且帶到當初逮捕他的警察面前說：「看，這就是那位你們證實我殺了的銘志。」說完，他突然拔出一把利刃，在眾目睽睽之下殺死銘志。

在全場譁然的情況下，勝華說出他的心聲：「這個人反正是我殺死的，只不過我預先服了刑，現在才實踐我的罪行。

我受冤枉二十年。當年警方為了證實他們英勇破案而舉證我；銘志的妻子為了掩飾她被遺棄的事實，寧願證實丈夫已死；保險公司為了怕賠償，而不斷製造不利於我的輿論；法庭內的法官、陪審員和律師，為了顯示他們的英明神武，也不願意繼續找證據而判我有罪。每個人都因為他們私人的原因，而不曾站在我的立場想想。

我相信，就算我今天把銘志找了出來，證實了我當初所受的冤屈，對這些人來說，充其量只是一、兩天的歉疚，便煙消雲散了。唯有讓我徹底成全他們的錯誤判斷，才能讓他們嗅到自己手上因冤枉別人而染上的血腥味，才會終身自責。

我犧牲了人生中最寶貴的二十年光陰猶在其次，精神上所受的冤屈絕不是政府和法庭向我認錯，媒體十天八天的報導，群眾的幾聲嘆息，就可以補償回來的。

我要平反這件事，就是要成就這項罪名。唯有如此，我才能獲得平靜。因為從今天起，我沒有被冤枉的感覺，我那二十年的徒刑是罪有應得的。」

生活智慧

我們不能具有所有的美德，但應該能做到善良與正直。對社會的不公正現象也許我們無力反對，但我們可以做到不參與。這也許不會讓我們變得高尚，卻可以使我們得到靈魂的安寧。

寬容

小時候我家門口有個小庭院，院子裡有棵梨樹。每到八、九月份，金燦燦的梨便沉甸甸地掛滿了枝頭。一些淘氣的孩子聞到了梨香，便不時翻過矮矮的圍牆到我家來偷梨。

某日下午，我正在客廳看書，忽然聽到院子裡有不明聲響，我到窗邊一看，原來樹上有幾個小男生正在偷摘梨。我一急便大叫起來：「抓小偷！抓小偷！」

此時，正在午休的父親，迅速地跑了出來，這群頑皮的小男生一哄而散。但有一個小男孩驚慌失措之餘，「撲通」一聲竟摔到地上，手臂劃開了一道長長的傷口。

我開始有點幸災樂禍了起來，父親對於我的管教，是非常嚴厲的，每當我做錯一件小事，總會被父親責怪半天。我想，父親一定會狠狠教訓他一頓，然後去找他家長理論。

可是，出乎意料之外的，父親一聲不吭地返身進屋，拿出酒精和紗布，為這個孩子仔細地包紮好傷口，又用報紙包了幾個梨子塞進他懷裡。只是對他說：「以後小心一點，不要再偷別人的東西了。」

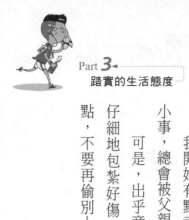

男孩感激地站起來，朝父親深深地鞠了躬，便拿著梨子離開。

這一幕深深烙印在我的腦海裡，總也抹不去。父親沒有說一句話，卻教給了我他一生信奉的做人原則：寬容。

生活智慧

寬容待人，不僅給別人留有餘地，也讓自己贏得海闊天空。寬容也是一種美德，讓人生更加飽滿。

貧窮與富有

剛念幼稚園的女兒問我：「我們家有錢嗎？」

我回答：「我們家沒錢。」

她又問：「那我們家窮嗎？」

我又回答：「我們家不窮。」

看來，她似懂非懂。

不久，社區發起「冬季捐寒衣」活動。我打理著一些已經退流行、過時，並且不想再穿的衣服。

女兒問：「這些衣服給誰？」

我說：「送給窮人。」

她又問：「為什麼？」

我說：「因為他們沒有錢買衣服，冬天就會很冷會被凍死，所以我們要幫助他們。」

她點點頭，一副很明白的樣子。

過了一會兒，她拿來一件小棉襖，一條圍巾，一頂帽子，說要捐出去。我正想鼓勵她兩句，不料她一把拉下她爸爸的帽子說：「爸爸，把這頂帽子也送給窮人吧！」

我的心一震，為女兒那小小的心。我一直以為自己富有同情心，而在這之前，我卻從未想過要將自己需要的東西送給別人。

第二天，我送女兒至校門口，看著她蹦蹦跳跳地走進校門，我的眼睛漸漸濕潤。我高興，因為她將比我更富有。

生活智慧

同情心是一筆財富，因為你看到別人的困難並努力去幫助別人，你就會忘掉自己的不幸。能夠付出的人肯定是富有的人，而能將自己正需要的東西送給別人則是更高一層的人生境界。

百萬年薪的笑臉

小威是美國推銷壽險的頂尖高手，年收入高達佰萬美元。他的祕訣是擁有一張令顧客無法抗拒的笑臉。但他這笑臉並非天生的，而是長期苦練出來的。

小威原是全美家喻戶曉的職棒明星球員，到了四十歲因體力日衰而被迫退休，而後去應徵保險公司推銷員。

他原以為以他的知名度一定會被錄取，但人事經理卻對他說：「保險公司推銷員必須有張迷人的笑臉，而你卻沒有，你回去吧！」

小威沒有氣餒，立志在家苦練笑臉，每天放聲大笑百次，以致有的鄰居以為他因失業而發神經了。

練了一段時間，他再去見經理。經理看看他，然後冷淡地說：「還不行。」

小威又繼續回去苦練，又過了段時間再去見經理。經理又說：「好些了，但不是發自內心的笑。」

小威不死心，又繼續苦練一段時間，終於悟出「發自內心如嬰兒般天真無邪的笑容最迷人」，並且練成了那張價值佰萬美元的笑臉。

生活智慧

其實有些時候，並不是我們做不成某件事，而是我們不想去做，不願去做。所以面臨這種情況時，我們應該勉勵自己：「為什麼不行動起來，並發揮自己潛在的能力，一定會有一個不錯的結局。」

夢中的敵人

有一個人夜裡做了一個夢，在夢中他看見一個頭戴黑帽、身穿黑衣，腰上還佩著一把烏鞘劍。那個黑衣人大聲地責罵他，並且輕蔑地向他臉上吐了一口唾沫……他一下子從夢中驚醒過來。

第二天，他一直悶悶不樂。朋友問他怎麼樣，他向朋友講述了他的噩夢，並氣憤地說：「我長到這麼大從來未受過別人的侮辱。但昨天夢裡卻被人罵並吐了唾沫，我怎麼能忍受這種屈辱。我一定要把那人找出來，和他決鬥，來洗清我的恥辱，否則我寧可死了。」

於是，他帶著一把劍，天天出外去查找他夢中的敵人。但幾個星期過去了，敵人依然是蹤影全無。

最後，他失望極了，他知道他再也找不到那個敵人，他永遠也洗刷不了自己所受的侮辱，於是拔劍自刎而死。

生活智慧

容易為某些根本不存在的事情而煩心是愚蠢的行為，這種恐懼感的產生是因為自己心理作用的惡果。要解決它的辦法就是勇敢地面對，從你每次正視自己的經驗中，你就會得到智慧、勇氣以及信心。

貪婪的慾望

海關人員破獲了一起巨額走私案。但在混亂中，一名走私客帶著巨額走私品逃掉了，警方下令追捕這名逃犯。

逃犯心想，帶著這批走私品逃走太不方便了，一定要找個地方藏起來，但藏在哪裡好呢？他靈機一動想到警察一定不會去搜查教堂。於是他帶著走私品，躲到了一家教堂，並且請求教堂裡的老牧師，讓他把走私品藏在教堂的閣樓裡。

這位虔誠的老牧師斷然拒絕了逃犯的請求，並要求此人馬上離開，否則他就要報警了。

「我會給你一筆錢來報答你的，二十萬元怎麼樣？」走私客請求道。

老牧師堅定地說：「不行。」

「那麼五十萬元吧！」逃犯苦苦懇求著老牧師，老牧師依然不為所動。

「一佰萬元怎麼樣？」逃犯仍然不死心地問。

老牧師忽然大發雷霆，用力將逃犯推到外面去：「你離我遠一點，快給我滾。你開的價錢，已經快接近我心目中的數目了。」

生活智慧

俗話說：「無欲則剛」當你心中無所欲求，你才能守正不阿。

貪慾往往會使人突破自己的道德防線，而做出不該做的事；當你受到金錢的誘惑時最好靜下心來，平息自己的慾望，用道德力量抵禦誘惑的力量。

沒有不勞而獲的事

一個農夫在田間種地，突然看見一隻兔子撞到樹樁上死了。

他喜出望外，心想：有這樣便宜的事情何必再種田吃苦呢？於是，他便放下手中的農具，每天在那裡等待。

日子飛快的流逝，好幾個月過去了，農夫再也沒遇上這樣的好事，而他的田地卻因無人耕種而荒蕪了。

一個窮秀才某天夜裡做了一個美夢，他夢見自己金榜題名，眾人道賀，皇上賜婚將公主嫁給他，他歡天喜地的辦喜事，享受著他的洞房花燭夜。

正當他得意之際，卻突然從夢中醒來。從此之後，他無心攻讀，成天只想著繼續做這個美夢。結果三年過去了，他還是一事無成。

一個年輕人在路上拾到一塊寶玉，心喜不已。從此以後，他走路時，眼睛一定盯著地面。一晃四十年過去了，他卻沒有再一次的好運撿拾到任何美玉。更遺憾的是，由於整天低頭盯著地面，他的背駝了，而且更是一事無成，成了又老又駝的糟老頭。

如果，那個農夫肯老老實實地種田；如果，那個秀才肯專心伏案苦讀；如果，那個年輕人，能靠自己的努力與才智勤奮的去工作，怎麼也不至於落得這般結局。

生活智慧

他們的錯誤就是誤把一時的幸運，視為命運中的理所當然；其實，只有勤奮和勞動才會帶來好運。

一諾千金

唐朝「黃巢之亂」，各地兵荒馬亂、民不聊生，一位富家千金在逃亡前，將一個小檀木匣悄悄託奴俾保管。奴俾說：「妳放心，只要我在，木匣就在！」沒多久，兩人就被逃難的人群衝散了。

在逃難的過程，奴俾認識了一個男人，並嫁給了他。但，兵荒馬亂的年代，要謀生可不容易！奴俾的丈夫建議將小檀木匣打開，或許有值錢的東西可以變賣。

奴俾不肯，她對丈夫說：「這是我答應人家的，你要動它，我就上吊。」

奴俾一直沒有放棄找尋主人，在逃亡的過程，她還是一直打聽著千金小姐的下落。這其中，無論歷經什麼苦難，包括自己病危，奴俾都不肯將木匣打開。

十多年後，黃巢之亂漸漸被弭平，千金與奴俾也終於得以相見。

奴俾鄭重地將小檀木匣原封不動地交還了她。千金激動地握著奴俾的手，感謝她一直好好的代為保管。

木匣終於被打開，匣內只有一張信箋——那是千金珍藏，祖父的墨寶。

生活智慧

或許有人會說奴俾太傻，但有人卻不這麼認為。在奴俾的身後，光芒四射地矗立起一尊叫著信用的碑牌，永遠不會被風化，也不會隨塵世的泥沙而流失。

寬廣的胸襟

三個好朋友——小馬、阿吉、阿順一起出門旅遊。

三個人經過一處山谷時，小馬一時失足，眼看就要滑入深淵；幸虧阿吉眼明手快，拼命拉住了小馬，聯合阿順之力，終於救了小馬一命。

小馬為了感激朋友，在附近的一塊大石頭上刻了：某年某月某日，阿吉與阿順救了小馬一命。

三個人繼續上路，他們走到了海邊，阿吉和小馬卻為了一點小事爭吵了起來；憤怒之餘，阿吉打了小馬一個耳光。

小馬氣壞了，他跑到沙灘上寫下：某年某月某日，阿吉打了小馬一耳光。

當他們旅遊結束回到家中後，阿順好奇地問小馬：「為什麼要把我們救你的事刻在石頭上，而又把阿吉打你的事寫在沙灘上呢？」

小馬回答：「把別人救我的事刻在石頭上，是為了讓自己永遠記得，永遠心存感激。至於他打我的事，我寫在沙灘上，是希望那些字跡隨著海浪的沖刷，而漸漸消失得一乾二淨。」

生活智慧

朋友之間的相處，一時的意氣之爭只是短暫的。但，危急的幫助卻是發自內心深處，真誠的幫助。

虛榮心

兩隻大雁和一隻青蛙經常一起在池塘邊玩耍而成了好朋友。但是秋天來了，兩隻大雁必須要飛回南方，三個好朋友都捨不得分開，所以都十分難過。

大雁對青蛙說：「要是你也能飛上天，跟我們一起去南方，那該多好呀，這樣我們就不用分開了。」

青蛙想了半天，忽然想出了一個主意。牠找到一根樹枝，牠要兩隻大雁用嘴銜住樹枝，然後牠自己再用嘴銜住樹枝中間，這樣就可以跟大雁一塊飛到南方去了。

就這樣，兩隻大雁銜著樹枝帶著青蛙，一起往南方飛去。這一景象吸引了地上或空中的動物們嘖嘖稱奇。

他們七嘴八舌地說著：「看哪，青蛙也能在天上飛耶！」「真好啊！要是我也能在天上飛就好了。」「我也想到天上去看看！」

青蛙越聽越高興，得意非凡，心想：若不是我這麼聰明，想出這個主意，誰能見到這個奇觀呢？

就在這時，青蛙聽見有動物在問：「是誰這麼聰明，想出這麼個好主意？」

於是青蛙得意忘形的回答說：「這是我……」話還沒說完，牠就從空中掉下來摔死了。

生活智慧

如果被虛榮心控制而失去明辨力，就很難保持正確的價值判斷。

如果常常為了別人幾句讚揚的話語，或是一個手勢、一個眼神，而去做一些力所不能及且不該做的事情，不但自己一無所得，結果只會成為人們的笑柄。

工作責任外的熱忱

一個悶熱的天氣，貨運行的倉庫裡，突然出現了一個年輕小伙子，他自告奮勇地向經理表示要幫忙。「你是說你要來這兒幫忙？」經理被這狀況搞得有點莫名其妙。

這時候，那年輕人已把外套脫下來丟到一旁，一副經驗老道的模樣。他笑笑說道：「我是剛來報到的業務，我是想要來瞭解一下，公司整個出貨流程，這樣我會比較快進入狀況。」

「可是，」經理還是有點驚訝的說道：「再怎麼樣，現在都已經七點多了，正常而言，你應該在六點就下班了！我們公司在正常的工作時間之外，無論你如何拼命幹活，都不會再給你額外的加班費，難道你不知道嗎？」

「哦！這沒關係，」年輕人說道：只要我可以做我自己想做的事。我只是希望除了自己工作範圍內，能再多學些別的知識。」

「如果你真的願意來幫忙，我當然歡迎，」那經理還是有點惋惜地說道：「我只是擔心你會不會覺得太無聊了，像這樣夜晚，大部分的年輕人都會想出去好好玩一玩，或乾脆躲在家裡上網、看電視。」

後來這位年輕人，在工作上不僅熱心幫助別人，也因為他總是抽空去瞭解其他部門的作業情形，不僅對自己工作大有幫助，也獲得主管青睞。當然，他的升遷是指日可待。

提醒你一點值得注意，去做份內之外的工作，必須憑藉著熱忱，而且要有高度興趣，這樣做起來才容易有成效。

對於許多有成就的人們而言，不管做什麼工作他們都覺得有趣。如果純粹只為了引起同事或主管的注意，藉以博得同情或稱讚，工作將不容易有成效。因為，工作的態度絕對比工作本身還重要些。

生活智慧

對於一個全方位的工作者而言，沒有什麼「份內」與「份外」之分，什麼工作都應該樂於勝任。

盡量找機會吸收和工作相關的專業知識，親自動手做是最好的學習方式。

競賽

某日，老闆對一位資深技師說道：「老陳，為什麼我交代的這件工作你要做這麼久才完成？為什麼你不能像阿華一樣，做的那麼迅速呢？」

在另一方面，他又對阿華說道：「阿華，你為何不以老陳為榜樣，學學他做事的效率呢？」這樣的良性競爭，著實提升了他們倆人的做事效率。

之後有一天，阿華出公差剛回來，老闆便馬上交代他製做一個模型，並說：完成後趕快送到製造工廠去。隔天，老闆在公司走廊遇到阿華，便問他：「阿華，昨天交代你的事，有在處理嗎？」

「是的。」阿華回答。

「那什麼時候會做好呢？」

「已經做好了。」

「真的嗎？真不錯！什麼時候做好的？」老闆有些訝異。

「你交代完後，我便趕緊找齊材料做完了。」

「真的嗎？那模型現在在哪，我看一下吧。」

「恐怕沒辦法，因為今天一大早我已經把模型送到製造工廠去了。」

老闆非常驚喜，高興的連話都說不出來。他驗證到這種良性競爭的激勵方式，竟然如此有效，並感到十分滿意。至於阿華，看到老闆那種激賞的神情，自己也覺得辛苦得很有意義！

生活智慧

有時不妨將工作設計成比賽一般，在競爭的氣氛下，工作效率將倍增。工作時，如果能像是參加一場趣味競賽的話，做起來就會心情愉快，成果也就容易產生。

這位老闆成功的祕訣就是：在工作上與別人競爭，是一種最好的刺激，它能使你達成最好的績效。

重拾信心

拿破崙．希爾是美國人，他曾經擔任美國威爾遜總統及羅斯福總統的顧問。

希爾被譽為是「百萬富翁的創造者」，他經過數十年的研究，歸納出成功所需最有價值、帶有規律性的十七條金律；而其中心要點就是「積極心態」。希爾認為，如果一個人能夠隨時保持積極的心態，樂觀審慎地面對人生、接受不同的挑戰，那他就成功一半了。

希爾小時候是一個「問題兒童」，他暴躁、說謊、不服家長和老師的管教。就在他十歲的那年，他的父親娶了一位繼母，當他的父親領著繼母走進他的房間時，他的父親說：「這是希爾，在他們兄弟中，他是最壞的一個。」繼母走過去，用手輕輕地撫摸著他的頭髮，她溫柔地說：「不，我看這孩子是最好的一個。」

一直被人看成壞孩子的希爾，頭一次從繼母那裡得到了莫大的信任，這種信任鼓舞著他，一點一點地改掉了原本的壞毛病。在不斷的奮鬥中，他逐漸地發現了自己的價值，後來，他果然成為一位有著非凡成就的人。

生活智慧

唯一使一個人信賴的方法是對他施予信任。

人生最大的孤獨是失去別人的信任，人生最不能承受的是冷眼的落寞。要使別人信任你，首先就要做使別人信任的事情。

說話的藝術

有兩個菸癮很大的學生，他們這學期共同修到了一個老教授的課，這個老教授是有名的反菸者。他們每次上課都非常痛苦。

有一天，兩人菸癮難耐，決定要溜出課堂抽菸。但不巧，卻被教授抓到，要他們下課到教師休息室懺悔並說明理由。

教授要兩人分別進去跟他解釋；甲學生先進去，他老實的跟教授說，自己菸癮難耐，想溜出去抽菸，教授一聽勃然大怒，斥責他一番，並言明如果期末考沒考九十分，他這學期別想及格。

甲學生喪氣地走出休息室，換乙學生進去；沒多久，卻看見乙學生笑瞇瞇的走出休息室。

甲學生趕忙問他到底怎麼跟教授說的？乙學生笑了笑說：「我只是跟教授說：我想去跟上帝懺悔，我怎麼那麼愛抽菸。」

生活智慧

同樣一件事，說話的方式不同，所獲得的效果也不見得一樣。

我們要學習將話說的漂亮；但也要注意，美麗的話語後面，我們所需付出的代價。

信用至上

美如的第一份工作是在一家小餐館當服務生。這個工作雖然很平凡，可是她卻非常努力的工作著。

有一個電器銷售員，經常到餐館來點一份火腿蛋炒飯以及紫菜湯當作晚餐。

每一次，美如一看見他向餐館走來，就早早收拾好他常坐的桌子，並為他送上他一成不變的晚餐。當然，還不忘給他送上一個燦爛的微笑，這可是做服務生最起碼的要求。

美如有一個最大的夢想，就是擁有一家自己的小餐館。有一天，美如鼓起勇氣向父母說了自己的想法，並希望能得到他們的資助，可是他們卻對美如說：「我們沒有足夠的金錢能夠幫助妳。」第二天，美如帶著失望的心情上班。那位常客一見到美如就關心地問：「怎麼了『陽光』？妳今天怎麼一絲笑容都沒有？」

美如向他和盤托出了自己的夢想和苦惱。他當時一言不發，只是靜靜地聽著。

過了幾天，那位銷售員居然交給美如一張五十萬元的支票！並語重心長地對美如說：「這筆貸款唯一的抵押，是妳作為一個人的誠實。好人的夢想應該得到實現。」

美如握著那張支票，心裡非常激動，也非常感謝。

後來，雖然美如並沒有開成餐館，但是，她始終沒有忘記那位售貨員對她的信任。在存到足夠的資金後，美如將五十萬元再加上利息，一併歸還給那名售貨員。

他後來寫了一封信給美如：「這筆貸款是我一生中，最成功的一次投資。它幫助一個無助的小女孩，成長為一名成功的職業女性。有多少投資會帶來如此大的收益？」

對美如而言，這筆貸款使她明白——信用是最寶貴的財富。

生活智慧

不要因為目光注視著天上星光，就看不見在你周圍的美景，而踐踏了在你腳下的玫瑰花！在人生的經歷中，需要社會上很多人的幫助和支援，而彼此的幫助，都建立在誠實信用的基礎上。

擁有信用，相當擁有一筆無形的財富，而不講信用的人，也終將被人拋棄，變得一無所有。

蛇頭和蛇尾

有一天，蛇頭和蛇尾發生了爭吵，他們正為誰比較偉大、比較重要而辯論不休。

蛇頭認為自己比較重要：「我有耳朵能聽聲音，有眼睛可以看東西，有嘴巴能吃食物，走路時在最前面，所以，當然是我最重要。」

蛇尾聽了很不高興，不服氣地說：「那是因為我讓你在前面走，你才能走到前面。」

蛇尾越想越不甘心，一心想要報復，便在樹上緊緊繞了三圈，連著好幾天也不鬆開。

蛇頭不能行動，餓得頭昏眼花，沒辦法只好哀求認輸：「好了吧！我承認你是最重要的，快放開我吧！」

蛇尾取得了勝利，變得趾氣高揚，又神氣、又得意，高高地翹著尾巴走在前面，蛇頭無精打彩地跟著，一聲也不敢吭。

然而沒走多遠，就因為看不清路，蛇頭蛇尾一起掉進深淵，摔得粉身碎骨。

生活智慧

每個人都希望獲得別人的尊重，希望自己能顯得更重要些。但對於自己正確應扮演的角色，還是要弄清楚，否則，是會倒大楣的！

別為錯誤找藉口

有一個人開了一家布店，他一直用一把比正常尺寸稍短的木尺賣布。有一天，他忽然良心發現，想要的換一把正常尺寸的尺，規規矩矩地賣布，做一個誠實的商人。

正當他準備將這個木尺扔掉的時候，他猶豫了。他心想不如先到對門的那家布莊，看看再做打算吧。

於是他拿著一條細繩子，趁對面布店生意忙亂之時，偷偷用那個繩子衡量一下他們的那把木尺。回家一看，那家的木尺居然比他的還短一公分。

這個布商開始有些不高興，因為別人的尺雖比他的還短，但顧客卻不比他的少，相比之下顯得自己吃虧了。

但他又轉念一想：自己的尺雖不足尺寸，卻還是比別人長一公分，說明自己的品質比他人要好，老天爺一定會保佑自己，讓自己店裡生意比對方興隆。

於是，他仍然繼續使用那把尺寸短少的木尺賣布給顧客。

生活智慧

一個人所犯的最大錯誤，便是為自己的錯誤找藉口。

以別人犯的錯誤的多少為自己的錯誤做掩飾，只是一種五十步笑百步的自欺心理，它只會妨礙你改正錯誤，走向成功。

西洋棋的祕密

拿破崙在滑鐵盧失敗之後，被流放到聖赫勒拿島。他在島上過著艱苦而無聊的生活。後來，拿破崙的一位好友透過層層關係，輾轉贈給他一件禮物——一副西洋棋。這副西洋棋是用象牙和軟玉製成，非常的名貴。拿破崙對這副西洋棋愛不釋手。在往後的日子裡，總是靠著自我下棋來排遣孤獨和寂寞。

拿破崙死後，那副西洋棋多次以高價轉手拍賣。最後，西洋棋的所有者在一次偶然的機會中發現，其中一個西洋棋的底部可以打開。當那人打開後，嚇呆了，裡面竟密密麻麻地寫著如何從聖赫勒拿島逃出去的詳細計畫。

拿破崙一生征戰南北心機算盡，幾乎要稱霸歐洲；他用許多別人想不到的方法，征服了一個個國家，但是，他沒有想到最後竟然死在常規思維上。

如果，他用征戰的方法思考一下，西洋棋解除寂寞之外的用意，很可能一切都會不同。可是，拿破崙並沒有領悟到朋友的用意。所以，他到死都沒有逃出聖赫勒拿島。這恐怕是拿破崙一生中最大的失敗。

生活智慧

常規是我們解決問題的一般性思考，它能憑經驗輕車熟路地完成一些工作，解決平常的一些問題。但是，創新的思維會教我們創造和發明，教我們從容地面對困難，欣然地面對未來。

心中的監牢

一位猶太人，在法西斯的集中營裡受盡了折磨，待第二次大戰結束後，他死裡逃生回到家鄉，但他的親人早已不在人世了。當時犯了戰爭罪的納粹分子有的被處決、有的被監禁、還有的正在逃亡，警察在到處搜捕他們。

他一想起集中營裡發生過的事，就寢食難安、生氣憤恨，整天想著如何才能把那些逃跑的納粹分子抓住他發誓一定要將所有納粹份子全部抓起來處決。為此他去找另一位當時與他關在一起的朋友，希望聯合朋友的力量，一起找尋那些納粹份子。

那位朋友戰後回到家鄉，收回了被納粹分子搶占的工廠，現在天天忙著工作，想要振興家業。他生氣地問那位朋友：「你忘了集中營發生過的事情嗎？你忘記了那些人曾加諸在你身上的痛苦？難道你已經原諒了那群殘暴的傢伙了嗎？」

「我並沒有忘記過去的種種苦難，但我已原諒了他們，我不想再沉浸在過去的苦痛，我只想好好地面對我未來的日子。」

「我做不到，我一點都不能原諒他們！他們害得我家破人亡，現在想起來仍讓我咬牙切齒！如果看不到他們全部被處死，我是不會安心的。」

那位朋友聽了之後，靜靜地對他說：「你如果一直這樣，那你永遠都是被囚禁著。」

生活智慧

企圖報復別人就等於折磨自己。在充滿仇恨的心靈中，永遠不會有幸福的容身之地。如果別人傷害過你，何妨寬容地原諒他，將自己從怨恨的束縛中解脫出來，享受生命中另一番的美好。

積極面對

尼亞加拉瀑布以其雄偉壯麗吸引了眾多遊客。一天，有一位特技演員在瀑布上方架起了一根鋼絲，吸引了大量遊客前來參觀，鋼絲下面就是懸崖，瀑布從懸崖上奔騰而下，發出隆隆巨響，讓人心驚膽戰。那個人熟練地在鋼絲上走過來走過去，他那無比的膽量和精湛的技巧，博得了觀眾們的熱烈的掌聲。

特技演員走下鋼絲，對觀眾詢問：「有誰願意讓我背著他穿過懸崖？」觀眾聽著這個大膽的建議，不禁倒吸一口氣。望著那高聳的懸崖，沒有一個敢上去。只有一個小男孩勇敢地跑上前來，願意讓特技演員背著他走鋼絲。

觀眾們都捏著一把汗，看到他們二人在鋼絲上慢慢地走著，直到他們平安地走到對面，觀眾懸著的一顆心才落回原處。

觀眾好奇地問小男孩：「你為什麼敢讓這個人背你走鋼絲，你不知道很危險嗎？」

小男孩驕傲地回答：「因為他是我爸爸。他是全世界最棒的特技演員，他不會讓我有危險的。」

生活智慧

克服恐懼的最佳對策就是勇敢地面對它，將它視為自己必定能戰勝的對手，任何退讓和逃避的做法都無助於我們信心的樹立。

當你努力改變內在的素質時，外在的困境有時就不攻自破了。

Change myself
07

生活就是這樣：前進靠機會，後退靠智慧！

雅致風靡　典藏文化

親愛的顧客您好，感謝您購買這本書。即日起，填寫讀者回函卡寄回至本公司，我們每月將抽出一百名回函讀者，寄出精美禮物並享有生日當月購書優惠！想知道更多更即時的消息，歡迎加入"永續圖書粉絲團"
您也可以選擇傳真、掃描或用本公司準備的免郵回函寄回，謝謝。

傳真電話：（02）8647-3660　　電子信箱：yungjiuh@ms45.hinet.net

姓名：	性別：　□男　□女
出生日期：　年　月　日	電話：
學歷：	職業：
E-mail：	
地址：□□□	
從何處購買此書：	購買金額：　元
購買本書動機：□封面 □書名 □排版 □內容 □作者 □偶然衝動	
你對本書的意見： 內容：□滿意□尚可□待改進 封面：□滿意□尚可□待改進	 編輯：□滿意□尚可□待改進 定價：□滿意□尚可□待改進
其他建議：	

您可以使用以下方式將回函寄回。
您的回覆，是我們進步的最大動力，謝謝。

① 使用本公司準備的免郵回函寄回。
② 傳真電話：（02）8647-3660
③ 掃描圖檔寄到電子信箱：
yungjiuh@ms45.hinet.net

沿此線對折後寄回，謝謝 。

廣告回信
基隆郵局登記證
基隆廣字第056號

221-03

雅典文化事業有限公司　收
新北市汐止區大同路三段194號9樓之1

雅致風靡　典藏文化